MARCO POLO

VIETNAM

Reisen mit **Insider Tipps**

> Das Leben im Mekongdelta und die Berge im Norden, die fast schon preußische Zuverlässigkeit und der Fleiß der Vietnamesen, aber auch ihre typisch asiatische Gelassenheit – all das macht Vietnam so vielfältig.
> *MARCO POLO Korrespondentin Martina Miethig*
> (siehe S. 139)

Spezielle News, Lesermeinungen und Angebote zu Vietnam.
www.marcopolo.de/vietnam

VIETNAM

> SYMBOLE

MARCO POLO INSIDER-TIPPS
Von unseren Autoren für Sie entdeckt

MARCO POLO HIGHLIGHTS
Alles, was Sie in Vietnam kennen sollten

SCHÖNE AUSSICHT

🔊 **WLAN-HOTSPOT**

▶▶ **HIER TRIFFT SICH DIE SZENE**

> PREISKATEGORIEN

HOTELS
€€€ über 100 Euro
€€ 25–100 Euro
€ unter 25 Euro
Die angegebenen Preise sind Mindestpreise im jeweiligen Haus für ein Doppelzimmer pro Nacht

RESTAURANTS
€€€ über 5 Euro
€€ 2–5 Euro
€ unter 2 Euro
Die angegebenen Preise gelten für eine Mahlzeit pro Person, ohne Getränke

> KARTEN

[126 A1] Seitenzahlen und Koordinaten für den Reiseatlas Vietnam
[U A1] Koordinaten für die Karte Ho-Chi-Minh-Stadt im hinteren Umschlag
[0] außerhalb des Kartenausschnitts

Karte Hue auf Seite 71, Karte Cho Lon auf Seite 85, Karte Hanoi auf Seite 132/133
Zu Ihrer Orientierung sind auch die Orte mit Koordinaten versehen, die nicht im Reiseatlas eingetragen

---

■ **DIE BESTEN MARCO POLO INSIDER-TIPPS** .... **UMSCHLAG**
■ **DIE BESTEN MARCO POLO HIGHLIGHTS** 4

■ **AUFTAKT** 6

■ **SZENE** 12

■ **STICHWORTE** 16
■ **EVENTS, FESTE & MEHR** 22
■ **ESSEN & TRINKEN** 24
■ **EINKAUFEN** 28

■ **HANOI UND DER NORDEN** 30
■ **HUE UND DIE MITTE** 54
■ **SAIGON UND DER SÜDEN** 76

INHALT

> SZENE
S. 12–15: Trends, Entdeckungen, Hotspots! Was wann wo in Vietnam los ist, verrät der MARCO POLO Szeneautor vor Ort

> 24 STUNDEN
S. 106/107: Action pur und einmalige Erlebnisse in 24 Stunden! MARCO POLO hat für Sie einen außergewöhnlichen Tag in Ho-Chi-Minh-Stadt zusammengestellt

> LOW BUDGET
Viel erleben für wenig Geld! Wo Sie zu kleinen Preisen etwas Besonderes genießen und tolle Schnäppchen machen können:

Zum Wahrsager in die Berge S. 34 | Nudelsuppe im Bo-Bun-Hue-Lokal S. 74 | Einöde mit Vollpension im Jungle Beach Resort bei Nha Trang S. 87

> GUT ZU WISSEN
Was war wann? S. 10 | Vietnamesische Spezialitäten S. 26 | Blogs & Podcasts S. 44 | Bücher & Filme S. 50 | www.marcopolo.de S. 114 | Währungsrechner S. 115 | Was kostet wie viel? S. 116 | Wetter S. 118

AUF DEM TITEL
Tropischer Zauber im Mekongdelta S. 102/103
Trendsport Caving S. 108

- ■ **AUSFLÜGE & TOUREN** **102**
- ■ **24 STUNDEN IN HO-CHI-MINH-STADT** **106**
- ■ **SPORT & AKTIVITÄTEN** **108**
- ■ **MIT KINDERN UNTERWEGS** **112**

- ■ **PRAKTISCHE HINWEISE** **114**
- ■ **SPRACHFÜHRER** **120**

- ■ **REISEATLAS VIETNAM** **124**
- ■ **KARTENLEGENDE REISEATLAS** **134**

- ■ **REGISTER** **136**
- ■ **IMPRESSUM** **137**
- ■ **UNSERE INSIDERIN** **139**

- ■ **BLOSS NICHT!** **140**

ENTDECKEN SIE VIETNAM!

Unsere Top 15 führen Sie an die traumhaftesten Orte und zu den spannendsten Sehenswürdigkeiten

Die Highlights sind in der Karte auf dem hinteren Umschlag eingetragen

 Ha-Long-Bucht
Ein Postkartenidyll aus weißen Kalksteininseln und blauem Meer (Seite 34)

 Alt-Hanoi
Zurück in die gute alte Zeit der Handwerkszünfte (Seite 39)

 Van Mieu
Die riesige Anlage des Literaturtempels in Hanoi ist ein Prachtbeispiel der konfuzianischen Architektur (Seite 42)

 Sa Pa
Der idyllisch gelegene Ort in den Bergen des Nordwestens hat sich zu einem lebendigen Touristenzentrum entwickelt (Seite 51)

 Da Lat
Wenn die Kirschbäume blühen, kommen die Liebenden in Scharen in die einstige französische Sommerfrische (Seite 57)

 Cham-Museum
Phantastische Zeugnisse aus der Cham-Ära, liebevoll und spannend präsentiert in Da Nang (Seite 61)

 Marmorberge
Aufstieg zu Buddha – Höhlenkletterei und Traumpanorama inklusive (Seite 62)

 My Son
Auf jeden Fall lohnt ein Besuch der Tempelruinen, die einst zum wichtigsten religiösen Zentrum der Cham gehörten (Seite 63)

> DIE BESTEN MARCO POLO HIGHLIGHTS

 Hoi An
Ein charmantes Städtchen mit prächtigen chinesischen Handels- und Clanhäusern (Seite 64)

 Zitadelle Hue
Die beeindruckende Residenz der alten Nguyen-Herrscher lässt die Kaiserzeit lebendig werden (Seite 70)

 Chua Ngoc Hoang
In dieser geheimnisvollen Pagode in Saigon wird der daoistische Jadekaiser verehrt (Seite 82)

 Historisches Museum
Spannende Details und viele Fakten zu den untergegangenen Kulturen Zentral- und Südvietnams vermittelt dieses Museum in Saigon (Seite 83)

 Bootstour im Mekongdelta
Schmale Kanäle, kleine Tempel und bunte Märkte – abenteuerliche Entdeckungsreisen von My Tho aus auf den Wasserstraßen des Flussdeltas (Seite 91)

 Cao-Dai-Tempel
Der „Heilige Stuhl" der Cao-Dai-Anhänger bei Tay Ninh ist ein kitschiger, doch imposanter Mix aus Kathedrale, Pagode und Moschee. Von der Balustrade aus dürfen Besucher der Gebetszeremonie zuschauen (Seite 91)

 Mui Ne
Ein 16 km langer Strand, Fischerboote und Sahara-Feeling: Mui Ne hat der Bademetropole Nha Trang den Rang abgelaufen (Seite 95)

WAS FÜR EIN LAND!

Ha-Long-Bucht

AUFTAKT

> Vietnam ist auf dem Sprung ins 21. Jahrhundert. Moos und Patina bedecken jahrtausendealte Kulturdenkmäler – doch auf den Straßen in Saigon und Hanoi tobt das moderne Leben, und Besucher reiben sich verwundert die Augen. Ein Land zwischen Vergangenheit und Aufbruch, jenseits der Klischees aus Vietnamkrieg, Opiumpfeifen und Schlangenschnaps. Artenreiche Nationalparks und Naturschätze bezaubern die Reisenden, ob in der Ha-Long-Bucht im Norden oder in der Wasserwelt des Mekongdeltas. Dazwischen warten 3200 km Küste mit Inseln, Badestränden und Hideaways auf Erkundung.

> Über dem Fluss hängen noch, kleinen Wattebällen gleich, ein paar Dunstschwaden, und die Sonne scheint schwer aus ihrem kuscheligen Wolkenbett zu kommen. Doch Miss Saigon ist schon putzmunter. In der Prachtstraße Dong Khoi, vor der Kathedrale Notre Dame, an den Ampeln beim Rex Hotel röhren, quäken, hupen und hüsteln Zweitakter ihr rostiges Morgenlied.

Mofas, überall Mofas – das ist der erste Eindruck von diesem Land. Mal sind es nur drei oder vier Exemplare, mal ganze Bienenschwärme. Bepackt mit Kartons voller Colaflaschen und „Tiger"-Bier aus Singapur, mit prall gefüllten Einkaufstaschen, mit Hühnerkäfigen, mit zwei, drei Kindern, mit Alten, die Betelnüsse kauen, mit Frauen, deren seidige Ao-Dai-Gewänder im Wind flattern und die zum Schutz vor Sonne und Schmutz weiße Handschuhe tragen. Und mit Bäuerinnen, deren Strohhüte an Papierschirmchen in Eisbechern erinnern, aber vor allem typisch sind für dieses wundervolle Land: Vietnam.

Wie schön, dass es hier keinen Massentourismus wie anderswo in Südostasien gibt, denn genau dies macht den Zauber des Landes zwischen dem Roten Fluss (Song Hong) im Norden und dem Mekongdelta im Süden aus: Hier wird nichts für Besucher inszeniert oder geschönt. Hinter jedem windschiefen Häuschen mit Blechdach, auf den schwimmenden Märkten im Mekonggebiet, auf den Bauernmärkten von Hue oder Da

> *Land zwischen Rotem Fluss und Mekongdelta*

Nang lassen sich authentische Eindrücke einfangen wie bunte Schmetterlinge.

Hier können die Reisenden nach Lust und Laune Entdeckungen machen: den kleinen, verwunschenen Tempel um die Ecke, aus dem Räucherwerk duftet, den quirligen Obstmarkt mit

Farbenpracht für die Götter: Tempel bei der alten Kaiserstadt Hue

AUFTAKT

Rambutan- und Melonenverkäuferinnen, Fleischhändlern und Chinesen, die mit lebhaften Gesten Stoffe oder Blechgeschirr anpreisen, den idyllischen Mini-Naturstrand ohne Liegestühle oder Sonnenschirme, das chaotische Gewusel auf den manchmal arg lädierten Straßen.

Und dann ist da diese freundlich-schelmische Neugier der Menschen: Wo sich ein *tay* bewegt, ein Westler, gibt es stets etwas zu erleben! Oder zu lachen. Natürlich kann man dem *tay* auch gut etwas verkaufen, was nicht wenige Reisende als aufdringlich empfinden. Wer jedoch nicht auf das Verkaufsanliegen reagiert, bei dem verlieren die fliegenden Händler meist schnell das Interesse. Die Kinder probieren ihr Englisch aus und rufen „I love you" oder „Hello mister". In größeren Orten gibt man sich freilich sehr höflich, als Meister im Wahren der Form. Respekt vor dem anderen ist eine Tugend, eine Art asiatisches Grundgesetz, das hier in besonderer Weise gilt.

Denn schließlich wachsen Vietnamesen in der Enge auf. Oft leben bis zu drei Generationen in einem einzigen Raum, das können dann bis zu sieben, acht Personen sein. Eine Wohnung, ein Häuschen? Bei den bescheidenen Löhnen undenkbar: Ein Wanderarbeiter verdient etwa 30 000 bis 45 000 Dong, also umgerechnet knapp 2 Euro pro Tag, eine Fabrikarbeiterin bringt es auf 4 bis 6 Euro am Tag, wenn sie bereit ist, bis zu 14 Stunden lang Nudelteig zu rühren,

> **Die ganze Nation schwelgt im Lottofieber**

Formen zu pressen oder Schrauben zu sortieren. Der Wohnraum in Saigon ist unbezahlbar geworden, die wenigen freien Grundstücke, Häuser und Wohnungen wechseln für viele Hunderttausend Euro sehr schnell den Besitzer. Der Traum vom Bauen, den viele Vietnamesen hegen, bleibt zumindest in den Städten unerfüllbar. Dafür schwelgt die ganze Nation im Lottofieber, schließlich sind über zwei Drittel der rund 84 Mio. Vietnamesen unter 30 Jahre alt – da darf man noch Träume haben.

Doi Moi, die 1986 eingeleitete wirtschaftliche Reformpolitik der kommunistischen Regierung in Hanoi, weckt Hoffnungen in den Menschen. Überall sieht man im Fernsehen die Bilder von pompösen Modenschauen und Misswahlen mit viel Glitter, Karaoke und Kitsch, und Herr und Frau

WAS WAR WANN?
Geschichtstabelle

8.–4. Jh. v. Chr. Die Viet wandern aus Südchina ein

3. Jh. v. Chr. Das Reich Au Lac formt sich im Delta des Roten Flusses zur Abwehr der Chinesen

111 v. Chr.–930 Nordvietnam wird von den Chinesen beherrscht. Im Süden entsteht ab dem 7. Jh. das Reich der Cham

938 General Ngo Quyen erringt die Unabhängigkeit Vietnams

1009 Erste stabile Dynastie unter Ly Thai To. Thang Long (Hanoi) wird Hauptstadt

15.–17. Jh. Erste europäische Handelsstützpunkte im Süden

1771–1802 Tay-Son-Aufstand. Hue wird Sitz der Nguyen-Kaiser (bis 1945)

1858 Französische Kolonien und Protektorate in Cochinchina (Süden)

1954 Teilung Vietnams, im Süden Militärherrschaft

1964 Beginn des Vietnamkriegs, den die Kommunisten 1975 gewinnen

1976 Gründung der Sozialistischen Republik Vietnam (2. Juli)

2000 Handelsvertrag mit den USA. US-Präsident Bill Clinton besucht Vietnam. Schwere Überschwemmungen im Mekongdelta

2003 Die Lungenkrankheit Sars und die Vogelgrippe fordern Dutzende Menschenleben

2005 Eröffnung des 6,3 km langen Hai-Van-Tunnels zwischen Da Nang und Hue

2006 US-Präsident Bush zu Besuch beim APEC-Gipfel in Hanoi

2007 Vietnam wird Mitglied der Welthandelsorganisation WTO

Nguyen wollen wenigstens ein bisschen dabei sein. Doch weil der Lohn für Luxus nicht reicht, versüßen sie sich die aufgezwungene Bescheidenheit wenigstens mit Eiscreme, dem neuesten Schrei der kleinen Leute.

Die Gegensätze sind, vor allem im Süden, größer denn je geworden. Hier eine kleine städtische Oberschicht, die bereit ist, 20 000 US-Dollar für die Jahresmitgliedschaft im Ocean Dunes Golf Club in Phan Thiet hinzublättern, dort jene rund 20 Prozent Arbeitslosen, vor allem auf dem Land, die sich mühsam mit dem Verkauf von Postkarten oder Lotterielosen über Wasser halten – und das in einem sozialistischen Land. Doch die Hoffnung auf ein klein bisschen Wohlstand ist größer als jeder Gegensatz. Schließlich hat man auch den Krieg überstanden und die Jahrhundertfluten am Mekong Ende des Jahres 2000. Und wenn schon die Machthaber in Hanoi einen veritablen US-Präsidenten namens Bill Clinton dieses prachtvolle Land bereisen ließen, warum sollte da Herr Nguyen nicht einige Stühle und einen Wok borgen dürfen, um ein kleines Straßenrestaurant zu eröffnen?

Bezaubernd ist die landschaftliche Schönheit Vietnams, das im Süden in die Tropenzone mit feuchten, schwülen Sommern und warmen Wintern hineinragt, im Norden dagegen subtropisch bestimmt ist, also mit heißen Sommern und kühleren, feuchten Wintern. Überwältigend sind die Ha-Long-Bucht mit ihren aufragenden Kalkfelsen und dem dunkel schimmernden Wasser und die atemberau-

AUFTAKT

bend schroffen „Vietnamesischen Alpen" im Nordwesten, die in kalten

> **Strände im Süden, hohe Berge im Norden**

Wintern sogar von Schnee bedeckt sind. Die alte Kaiserstadt Hue am den Tag mit Köstlichkeiten der vietnamesischen Küche und einem oft erstaunlich perfekten Urlaubsprogramm aus Baden, Tauchen, Surfen, Segeln oder Wandern durch einen der rund 25 Nationalparks des Landes. Ob Sie, kopfüber von den Felsen hängend, in der phantastischen Ha-Long-Bucht den Trendsport Rock-

Vietnams tägliches Brot: Bäuerinnen bei der Reisernte

Parfümfluss beeindruckt mit ihrer „Halle der höchsten Harmonie" im alten Kaiserpalast und den Kaisergräbern. Bei Phan Thiet knirscht der weiche Sand am Mui-Ne-Strand unter den Füßen, Saigon wirkt wie frisch aufpoliert mit seinen renovierten Kolonialbauten, und im Mekongdelta wird der scheppernde Klang der Longtailboote zur allgegenwärtigen Musik. Garniert wird das Erlebnis jeclimbing ausprobieren oder im Saigoner Morgengrauen das zeitlupenhafte Tai-Chi, ob Sie sich im Weihrauchnebel einer Pagode verirren oder mit dem Rad im chaotischen Verkehrsgetümmel Hanois: So kommen Sie irgendwann den Vietnamesen, ihren geheimnisvollen Drachen und Geistern näher. Keine Frage – eine Vietnamreise ist ein Abenteuer für alle Sinne.

▶▶ TREND GUIDE VIETNAM

Die heißesten Entdeckungen und Hotspots! Unser Szene-Scout zeigt Ihnen, was angesagt ist

BA-DUNG PHAM
Der Grafikdesigner ist leidenschaftlicher Fotograf. Welch ein Glück für ihn, dass es in seiner Heimat Vietnam so aufregende und bewegende Motive gibt. Wenn Ba-Dung Pham nicht gerade die Welt durch die Linse sieht, ist er in Hanoi in den angesagten Clubs unterwegs. Sein Beruf bringt es unter anderem mit sich, dass er immer weiß, was gerade Trend ist bzw. wird.

▶▶ ECO ÜBERALL

Gutes für die Umwelt

Das Umweltbewusstsein in Vietnam wächst. Immer mehr Projekte werden von Regierung, Unternehmen und NGOs initiiert. Das Ziel: ein Leben im Einklang mit der Natur. Das *Vietnam Cleaner Production Center* berät z. B. Unternehmen in Sachen umweltfreundliche Technologien *(C10 Building, Hanoi University of Technology, DHBKHN, Dai Co Viet Rd., Hanoi, www.vncpc.org)*. Auch Hotels wie die *Topas Eco-Lodge* folgen dem Trend. Die Bungalows wurden mit Naturmaterialien gebaut. Zur Stromgewinnung wird Solarenergie verwendet *(24 Muong Hoa St., Sa Pa, Lao Cai Province, www.topas-eco-lodge.com, Foto)*. Im *Can Gio Eco Resort* untersuchen Spezialisten die neuesten Methoden zur Energie- und Wassergewinnung *(Thanh Thoi St., Long Hoa Ward, Can Gio District, Ho Chi Minh City, www.cangioresort.com.vn)*. Und im Nationalpark Tam Dao werden Strategien zur Wiederaufforstung und Waldsanierung entwickelt *(Provinz Thai Nguyen, Distrikt Dai Tu)*.

TASTY WELLNESS

Außergewöhnliches für weiche Haut

Köstlich: In den Hotels entstehen neue Spas, und diese locken mit außergewöhnlichen Treatments. Der Hit im *Six Senses Hideaway Ninh Van Bay* ist der *Vietnamese Fruit Body Smoother*, ein exotischer Mix aus Papaya, Ananas und Aloe vera. Weiche Haut und einen strahlenden Teint bekommt man auch vom *Vietnamese Green Tea Scrub* (Ninh Van Bay, Ninh Hoa, Khanh Hoa, www.sixsenses.com, Foto). Auch im *Evason Ana Mandara & Six Senses Spa – Nha Trang* greift man auf die Natur zurück. Beim Body-Scrub wird die Haut mit Algen und Fruchtenzymen eingerieben (Beachside Tran Phu Boulevard, Nha Trang, Khanh Hoa, www.sixsenses.com). Kokosnuss-Tamarinden-Scrub oder Apfel-Bananen-Scrub locken im *Golden Sand Resort & Spa* in Hoi An (Thanh Nien Rd., Cua Dai Beach, Hoi An Ancient Town, Quang Nam Province, www.swiss-belhotel.com).

FEEL THE BEAT

Drinks und Livemusik

Auf kleinen Bühnen formieren sich Musiker und heizen dem Publikum ein. In der *Acoustic Bar* treten nicht nur vietnamesische Coverbands, sondern auch Sänger aus ganz Asien auf und spielen alles von Rock und Pop bis R&B (6E1 Ngo Thoi Nhiem, Phuong 7, District 3, TP. Ho Chi Minh City, www.acoustic.com.vn, Foto). Klein und gemütlich ist *Yoko*. In der Bar trifft man sowohl Rock- als auch Jazzfans, die hier die Auftritte der Bands miterleben (22 A Nguyen Thi Dieu St., Ward 6, District 3, Ho Chi Minh City). Live-Venue mit Wow-Effekt ist die *Summit Lounge*. Von der 20. Etage aus hat man den besten

Blick über den Westsee und den Truc-Bac-See in Hanoi. Zu Livejazz und chilligen Loungebeats genießt man Cocktails wie *Mudwater* oder *Mai Tai*. Bei warmen Temperaturen ist die Dachterrasse ein Muss (Sofitel Plaza, 1 Thanh Nien Rd., Ba Dinh District).

▶▶ FOOD DESIGN

Leckeres in stylishem Ambiente

Die neuen Restaurants setzen auf moderne Kost in noch modernerem Interieur. Für Geschmacksexplosionen im Styletempel steht das *Xu*. Das Restaurant lockt mit interessanten Köstlichkeiten wie Seebarsch mit karamellisierten Kartoffeln und scharfem Apfelpüree. Auch optisch ist das *Xu* ein Hochgenuss: goldene Lichter und edles Holz in zeitgenössischem Design *(75 Hai Ba Trung St., District 1, Ho Chi Minh City, www.xusaigon.com, Foto)*. Kuscheliges Ambiente mit lässiger Deko und dazu gutes Essen findet man im *Ibox Cafe*. Witziges Detail: Die Sitzmöbel und andere Einrichtungsgegenstände können gekauft werden *(135 Hai Ba Trung St., District 1, Ho Chi Minh City)*. Weiterer Hotspot in Ho-Chi-Minh-Stadt: das *Lemongrass (4 Nguyen Thiep St., District 1, www.bongsencorporation.com)*.

▶▶ SPECIAL INTEREST

Kunst für den besonderen Geschmack

Vietnams Galerien lassen sich was einfallen. Der Trend geht zur Spezialisierung, wie in der *54 Traditions Gallery*, die sich auf die Kunst der 54 ethnischen Minderheiten in Vietnam konzentriert. Gezeigt werden schamanische Malerei, Schmuck und Holzskulpturen *(30 Hang Bun, Hanoi, www.54traditions.com, Foto)*. In der *Lotus Gallery* steht zeitgenössische Kunst einheimischer Künstler im Fokus. Über 40 Kreative umfasst der Katalog der Galerie *(55 Dong Khoi St., District 1, Ho Chi Minh City, www.lotusgallery.com)*.

▶▶ 90 MINUTEN SPANNUNG

Fußballfieber in Vietnam

Fußball ist Trendsport Nr. 1, und die Teams werden frenetisch gefeiert. Immer mehr Clubs werden gegründet, wie z. B. der *Hanoi Minsk Football Club (www.squeakieice.com/hanoi_minsk_football_club/index.html)* oder der *Thang Long Football Club (www.thanglong-fc.org/main.php)*. Die Heimspiele der Nationalmannschaft finden im *My Dinh National Stadium* statt *(My Dinh, Tu Liem District, Hanoi)*. In das Vorzeigestadion passen 40 000 Menschen, und die Spiele, die von der *Vietnam Football Federation* organisiert werden, sind sportliche Großereignisse *(www.vff.org.vn)*.

SZENE

▶▶ NIGHTLIFETEMPEL

Die Szene feiert in Ho Chi Minh

Vietnams Nachtschwärmer zieht es in die City, denn hier kann man am stylishsten feiern – und das vor allem lang. Zum Abtanzen bis tief in die Nacht geht man z. B. ins *Bounce*. Besonders angesagt sind die Samstage mit dem Motto *I love Hip Hop*. Dann trifft sich hier die Crème de la Crème der einheimischen Hip-Hop-Szene *(Parkson Saigontourist Plaza, 35–45 Le Thanh Ton St., District 1, Ho Chi Minh City, 4. Stockwerk)*. Abwechslung gefällig? Partyhopper zieht es ins *Prive*, denn ab 22 Uhr wird die chillige Lounge zum Danceclub. Wo vorher auf Sofas gemütlich Drinks geschlürft wurden, wird zu den angesagtesten R&B-Tracks der Dancefloor unsicher gemacht *(Parkson Plaza, 45 Le Thanh Ton St., District 1, 1. Stockwerk)*.

▶▶ BEKENNTNIS

Mode: Tradition trifft Moderne

Die Designer nehmen sich des traditionellen Ao Dai, der Tracht der vietnamesischen Frauen, an und bringen neuen Style in Material und Schnitt. Meister des Designs ist Le Minh Khoa, der vor allem wegen seiner edlen Weddingdresses berühmt ist. Inspiration holt er sich unter anderem von viktorianischen Kleidern oder historischen Kimonos, die er als Stoffe für seine eleganten und femininen Outfits nutzt. Zu kaufen gibt's seine Kollektionen im *Le Minh Khoa Shop (40d Ly Tu Trong St., District 1, Ho Chi Minh City)*. Auch Lien Huong kreiert moderne Ao Dais. In ihren Kollektionen finden sich starke Farben, edle Seide und zarte Stickereien. Auch die Teilnehmerinnen der Misswahlen vertrauen auf die Wirkung ihrer Designs. Wer sich die Traumroben genauer ansehen will, besucht Lien Huongs Shop *(94 Ba Thang Hai St., Ward 12, District 10, Ho Chi Minh City, www.lienhuong.com)*.

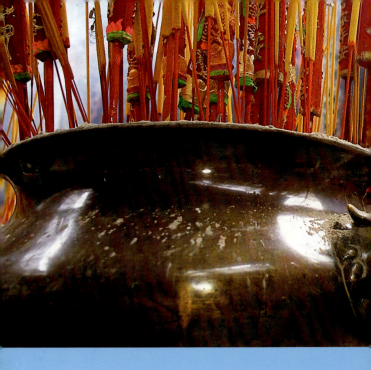

Bild: Pagode Chua Thien Hau in Ho-Chi-Minh-Stadt

> ARBEITSEIFER UND WUNDERHEILER

Die Vietnamesen arbeiten von früh bis spät, und der Glaube an allerlei Zauberformeln blüht auf

ABERGLAUBE

Der Aberglaube blüht oft als seltsame Mischung aus daoistischen Vorstellungen (Unglückstage, böse Omen) und Naturreligion. Sichtbar wird dies beispielsweise in Tempeln, wo Zettel mit entstellten chinesischen Schriftzeichen verbrannt werden, um böse Geister sinnbildlich auszulöschen. Immer mehr selbst ernannte Wahrsager ziehen durch die Dörfer, entscheiden Familienstreitigkeiten und Liebesgeschichten oder fertigen Horoskope an. Hochkonjunktur haben auch Wunderheiler, die mit allerlei seltsamen Mixturen zu Werke gehen.

AHNEN-VEREHRUNG

Für die Vietnamesen enden die familiären Bindungen nicht mit dem

STICHWORTE

Tod – die verstorbenen Angehörigen greifen hilfreich in das Leben der Nachkommen ein. Damit das so bleibt, müssen die Toten symbolisch mit Nahrung und Geld versorgt werden, weshalb in vielen Häusern und Tempeln kleine Altäre stehen, die der Ahnenverehrung dienen. Am Todestag, zu Feiertagen oder bei Familienfesten werden den Ahnen daher z. B. Süßigkeiten, Obst und sogar Zigaretten geopfert.

ARBEITSEIFER

Eine der wichtigsten vietnamesischen Tugenden, die auch bei der Wahl des Ehepartners eine große Rolle spielt, ist Fleiß. Nicht, dass die Menschen sich abhetzten – doch schon vor Sonnenaufgang sind Marktfrauen, Fabrik- oder Landarbeiter auf den Beinen. Der Arbeitstag dauert oft mehr als zwölf Stunden, die Mittagspause meist nur 15 Minuten. Spätestens um

22 Uhr geht man zu Bett, denn der neue Arbeitstag beginnt früh.

BUDDHISMUS

Buddha (560–480 v. Chr.) wacht über eine mögliche Wiedergeburt, je nach Generosität und Karma eines jeden Sterblichen. Man unterscheidet in Vietnam zwischen den Hinayana- (auch: Theravada-) und Mahayana-Buddhisten. Während Erstere die Erlösung im Nirwana anstreben, suchen die stärker vertretenen Mahayana-Buddhisten ihre Erlösung und Vollkommenheit im Diesseits, vor allem durch grenzenlose Geduld, Mitgefühl und Toleranz gegenüber allen Lebewesen. Als erleuchtete Bodhisattvas (in den Pagoden meist in Gestalt der barmherzigen Quan Am) verzichten sie auf den Eintritt ins Nirwana und helfen den anderen Gläubigen auf ihrem Weg auf dem achtfachen Pfad zur Erleuchtung. Zwar gelten ca. 70 Prozent der Vietnamesen als Buddhisten, jedoch stehen oft lediglich die buddhistischen Rituale im Vordergrund, vermischt mit Ahnenkult und Animismus.

CAO DAI

Ca. 2 Mio. Vietnamesen aus aller Welt besuchen die rund 500 Cao-Dai-Tempel, die sich vor allem im Süden des Landes befinden. Zu Beginn der 1920er-Jahre begegnete Religionsgründer Ngo Van Chieu bei einer Séance dem Cao Dai, dem „höchsten Wesen". Diese Gottheit trug ihm angeblich auf, alle großen Religionen des Ostens und Westens zu einer allumfassenden Idealreligion zusammenzuschmieden mit dem Ziel, die Erlösung der Menschheit zu erlangen.

CHRISTENTUM

Infolge der Missionierung durch die Spanier, Portugiesen und Franzosen ab dem 16. Jh. gibt es in Vietnam heute rund 8 Mio. Katholiken und mehr als 300 000 Protestanten. Insbesondere die Katholiken waren, wegen ihrer vermeintlich subversiven Verbindungen zum Vatikan und zu Katholiken in anderen westlichen Ländern, den Repressalien der kommunistischen Regierung ausgesetzt.

Zum Andenken an „Onkel Ho" errichtet: das Ho-Chi-Minh-Museum in Hanoi

STICHWORTE

So durfte der Papst bisher nicht nach Vietnam einreisen.

DAOISMUS

Eine historisch nicht gesicherte Figur, die traditionell als Begründer des Daoismus verehrt wird, ist Laotse. Er hat der Überlieferung nach im 6. Jh. v. Chr. gelebt und wird häufig auf einem Wasserbüffel reitend dargestellt. Bekanntestes Symbol dieser esoterisch-mystischen Naturlehre ist das Symbol für Yin und Yang, das männliche und das weibliche Urelement, die in wechselseitigem Zusammenspiel zur Harmonie führen. Götter, Geister und Dämonen beseelen die Natur und müssen besänftigt werden. An der Spitze der Hierarchie steht der Jadekaiser Ngoc Hoang mit seinen Gehilfen. Einer der schönsten Tempel in Vietnam ist der Jadekaiser-Tempel in Saigon.

FAUNA UND FLORA

In den Dschungelgebieten gibt es noch Großkatzen, darunter Leoparden, Tiger und Zibetkatzen. Es leben außerdem Elefanten, Bären, Schakale, Stinktiere, Mungos, Flughörnchen und Rotwild in den Wäldern. Nur noch maximal 12 Prozent des Landes sind, vor allem im Süden, mit tropischen Wäldern bewachsen, die mit ca. 1500 Baumspezies sehr artenreich sind. Mehr als 800 Vogelarten, Krokodile, Pythons und verschiedene Echsen leben dort, aber auch seltene Affen wie die Östlichen Schwarzen Schopfgibbons, die bis 2002 als ausgerottet galten. Im Norden wachsen auch Laub abwerfende Monsunwälder. In höheren Lagen überwiegt immergrüner Bergwald, und an den flachen Küsten im Norden und Süden des Landes gibt es Mangroven. Der Einsatz chemischer Kampfstoffe im Vietnamkrieg, Brandrodungen und Abholzungen haben jedoch die ursprüngliche Vegetation erheblich geschädigt.

HO CHI MINH

Ho Chi Minh kämpfte schon als junger Revolutionär gegen die seit 1862/63 bestehende französische Kolonialherrschaft und gründete 1930 in Hongkong die Kommunistische Partei Vietnams. Nach der Teilung des Landes 1954 wurde er Präsident der Demokratischen Republik Vietnam im Landesnorden. Die Wiedervereinigung des Landes als Sozialistische Republik Vietnam im Juli 1976 konnte der bis heute verehrte „Onkel Ho" nicht mehr erleben: Er starb am 2. September 1969 im Alter von 79 Jahren.

KUNST UND KUNSTHANDWERK

Im 11. Jh. blühten Kunsthandwerk und Malerei in Vietnam. Volkstümliche Künstler hielten bäuerliche Szenen fest, etwa die Reisernte oder die Aussaat. Ganze Dorfgemeinschaften waren damit beschäftigt, Schwarz-Weiß-Holzschnitte herzustellen, die heute noch als *tranh tet,* Neujahrsbilder, bekannt sind. Zur gleichen Zeit brachte die Than-Hoa-Schule der Ly-Dynastie (1009–1225) die wohl feinsten Keramiken des Landes hervor, Töpferkunst, die selbst in Japan und China Anklang fand. Im 13. Jh. entdeckten Künstler die Seidenmalerei und schufen z. B. Porträts, die der Ahnenverehrung dienten. Die Cham-Kultur mit ihren buddhistisch-hin-

Eine Angehörige der Hmong, eines Bergvolkes im Norden Vietnams

duistischen Figuren führte einen Aufschwung von Bildhauerei und Schnitzkunst herbei. Im 15. Jh. kam die Lackmalerei auf, die es in China bereits seit vielen Jahrhunderten gab.

Doi Moi, die Reformpolitik, bewirkte einen Wandel auch in der vietnamesischen Kunstszene. 1992 eröffnete die erste private Galerie in Ho-Chi-Minh-Stadt. Der große Erfolg der Künstler im Land schuf die Voraussetzung dafür, dass die Partei es jungen Malern wie T. X. Binh erlaubte, an Ausstellungen sogar in den USA teilzunehmen und Bilder über das Internet anzubieten.

MINORITÄTEN

Von den 54 Volksgruppen in den Bergen sind die Tay (Tho) mit rund 1,2 Mio. Angehörigen und die gut 900 000 Muong die zahlenmäßig größten Ethnien. Im Mekongdelta leben etwa 900 000 Khmer. Die größte Minderheitengruppe bilden die rund 1 Mio. Chinesen.

POLITISCHES SYSTEM

Vietnam wurde nach dem Ersten Indochinakrieg gegen die Franzosen 1954 auf Beschluss der Genfer Konferenz in die Demokratische Republik Vietnam im Landesnorden und den amerikanisch beeinflussten Süden aufgeteilt („provisorische" Teilung des Landes). Die Wiedervereinigung des Landes als Sozialistische Republik Vietnam fand 1976 nach dem Vietnamkrieg statt. Formelles Staatsoberhaupt ist der Präsident, der alle vier Jahre vom Parlament gewählt wird; 2006 wurde Nguyen Minh Triet in seinem Amt bestätigt. Dem Ministerrat der Regierung steht Ministerpräsident Nguyen Tan Dung

> *www.marcopolo.de/vietnam*

STICHWORTE

vor, ein Reformanhänger. Die 498 Mitglieder der Nationalversammlung, zumeist Angehörige der Kommunistischen Partei (KP), werden auf fünf Jahre gewählt und kontrollieren formell die Arbeit der Regierung. Der politische Kurs wird vom Generalsekretär der KP – seit 2001 der Reformer Nong Duc Manh – vorgegeben. Hart durchgegriffen wird nach wie vor gegen Regierungskritiker. Auch Korruption und Verbrechen hat die Regierung den Kampf angesagt: 2004 wurden der bekannte Mafiaboss Nam Cam und fünf seiner Gefolgsleute hingerichtet.

VIETNAMKRIEG

Über die Vergangenheit wird in Vietnam nicht gern gesprochen. Es entspricht vielmehr dem daoistisch untermauerten Glauben der Leute, dass, wer immer wieder an die tragischen Ereignisse erinnert, sie letzten Endes aufs Neue heraufbeschwört. Doch kann man über 4 Mio. Tote und Verletzte, Verwüstungen ganzer Landstriche, Dörfer und Städte oder Massaker wie jenes in My Lai nicht so einfach hinwegsehen. Von 1964 bis 1975 hatten sich die USA in einer bisher beispiellosen Material- und Menschenschlacht gegen die kommunistischen Truppen des Vietcong gestellt und einen angeblichen Stellvertreterkrieg gegen den Weltkommunismus geführt. Erst mit dem Vietnambesuch des US-Präsidenten Bill Clinton im November 2000, 25 Jahre nach dem Sieg des Vietcong, normalisierten sich die Beziehungen zwischen den ehemaligen Feinden.

WASSERPUPPEN

Mindestens 1000 Jahre alt ist die Kunst des Wasserpuppenspiels, die von Reisbauern entwickelt wurde, indem sie das übliche Puppenspiel einfach in den Pausen an ihrem Arbeitsplatz stattfinden ließen. Die Puppen aus Feigenbaumholz verkörperten dabei Dorfbewohner, Tiere, Sagengestalten oder Geister. Oft wurden sie auf einer schwimmfähigen Unterlage angebracht und unter Wasser mit einem Bambusstock bewegt. Dargestellt wurden Szenen aus dem Alltag, Begebenheiten im Dorf oder auf den Feldern. Die heutigen Puppen sind teils über 50 cm hoch und wiegen bis zu 15 kg – das abendliche Spiel ist also Schwerstarbeit. Wiederbelebt wurde die Kunst mit der Eröffnung des Städtischen Wasserpuppentheaters in Hanoi.

WIRTSCHAFT

Vietnam trat 2007 der Welthandelsorganisation (WTO) bei. Der wirtschaftliche Aufschwung, den das Land seit 1991 verzeichnen konnte (7–8 Prozent Wachstum pro Jahr), ist auch auf Tausende von Auslandsvietnamesen zurückzuführen, die ihr Heimatland besuchen und vor allem im prosperierenden Süden Joint Ventures gründen. Industrie und Bausektor sowie Dienstleistungen und Export haben den größten Anteil am Wachstum. Bedeutend sind vor allem die Automobil-, Zweirad- und Stahlsowie Zementproduktion, daneben Tourismus und Bankwesen. Das Bruttoinlandsprodukt betrug 2007 pro Kopf ca. 850 US-Dollar.

VOLLMOND UND GUTE GEISTER
Bunte Feiern für die Ahnen, die Götter und die Regierungspartei

OFFIZIELLE FEIERTAGE

1. Jan.: *Christliches Neujahr (Tet Duong Lich)*; **3. Feb.:** *Gründungstag der Kommunistischen Partei Vietnams* (1930); **30. April:** *Tag der Befreiung* (Einnahme Saigons durch die nordvietnamesische Armee 1975); **1. Mai:** *Tag der Arbeit;* **19. Mai:** *Geburtstag Ho Chi Minhs* (1890); **2. Sept.:** *Nationalfeiertag* (Staatsgründung 1945)

FESTE NACH DEM MONDKALENDER

Die meisten Feiertage richten sich nach dem chinesischen Mondkalender. Da der Mondmonat nur 29 oder 30 Tage und das Mondjahr 365 Tage hat, wird alle drei Jahre zwischen dem dritten und vierten Mondmonat ein zusätzlicher Monat eingefügt (Umrechnungstabelle Mond-Sonnen-Kalender auf *www.vietnamtourism.com*).

Tet Nguyen Dan
Das chinesische bzw. vietnamesische Neujahrsfest ist das wichtigste Familienfest, es wird eine Woche lang gefeiert. Es kann zu Engpässen bei Flügen kommen. (1. Tag des 1. Monats; 26. Jan. 2009, 14. Feb. 2010)

Thanh Minh
Die Vietnamesen schmücken die Gräber ihrer Verwandten mit Blumen, Kerzen und Papiergeld. (5. Tag des 3. Monats; 31. März 2009, 18. April 2010)

Phat Dan
Buddhas Geburtstag wird mit Prozessionen zu den buddhistischen Pagoden gefeiert. (8. Tag des 4. Monats; 2. Mai 2009, 21. Mai 2010)

Tet Doan Ngo
Das Mittsommerfest beginnt mit dem symbolischen Abbrennen von Papierstatuen – so will man sich von Personen lossagen, die mit einer Krankheit behaftet sind. Es herrscht der Glaube, dass im Hochsommer die Gefahr von Epidemien am größten sei. (5. Tag des 5. Monats; 28. Mai 2009, 16. Juni 2010)

Aktuelle Events weltweit auf www.marcopolo.de/events

> EVENTS
FESTE & MEHR

Trung Nguyen
In der Hoffnung, dass die umherirrenden Seelen vergessener Verstorbener keinen negativen Einfluss auf das persönliche Schicksal nehmen, werden an Hausaltären und Tempeln Opfergaben in Form von Geschenken und Speisen dargebracht. (15. Tag des 7. Monats; 3. Sept. 2009, 24. Aug. 2010)

Trung Thu
★ Das Mittherbstfest, auch ein Fest zu Ehren der Kinder, wird mit nächtlichen Lampenprozessionen bei Vollmond begangen. Ähnlich wie beim Tet-Fest werden gefüllte Klebreiskuchen in Form eines Mondes gegessen. Dies ist die Zeit für Verlobungen und Hochzeiten. (15. Tag des 8. Monats; 3. Okt. 2009, 22. Sept. 2010)

LOKALE FESTE NACH DEM MONDKALENDER

Frühjahr und Herbst
★ Wer im Frühjahr oder Herbst durchs Land fährt, sieht überall in den Dörfern bunte Fahnen wehen – sie kündigen die *Le-Hoi-Feste* an. Der Tag des Le Hoi gilt als der wichtigste Tag im Jahreszyklus eines jeden Dorfes und wird zu Ehren des Dorfschutzgeists gefeiert. Nach einer Prozession bringen die Bewohner ihrem Schutzgeist Opfer dar. Danach werden Festessen veranstaltet oder Theaterstücke und Konzerte aufgeführt. Besonders prächtig ist *Le Hoi Choi Trau,* das Dorffest in Do Son (25 km südöstlich von Hai Phong): Nach dem Auftakt mit Musik und Tanz kämpfen jeweils zwei Wasserbüffel so lange gegeneinander, bis einer aufgibt. Der Besitzer des siegreichen Büffels bekommt eine Geldprämie, das Tier wird dem Erntegott geopfert. (8./9. Tag des 8. Monats; 26./27. Sept. 2009, 15./16. Sept. 2010)

April/Mai
Das *Huong-Tich-Fest* wird mit großen Frühlingswallfahrten zu den Tempeln des Huong Tich Son begangen. (15. Tag des 3. Monats; 10. April 2009, 28. April 2010)

> WEISSER REIS ZU BUNTER VIELFALT

Wer gern gut isst, kann in Vietnam die köstlichsten Speisen auf den Stäbchen balancieren

> Der vierte Kaiser der Nguyen-Dynastie, Tu Duc, der 1847–83 das Land von Hue aus regierte, nahm es mit der Ernährung genau. Er wollte bei jeder Mahlzeit 50 verschiedene Speisen serviert bekommen, die von 50 Köchen gekocht und von 50 Dienern aufgetragen werden sollten.

Die Maîtres gaben sich alle erdenkliche Mühe – und so kommt es, dass allein die traditionelle vietnamesische Küche heute über 500 verschiedene Gerichte zählt.

Zu jedem Gericht wird gekochter Reis, *com trang,* serviert. Daneben stehen auf den Tischen Teller mit klein geschnittenem, oft rohem Gemüse oder frischen Kräutern wie Basilikum, Koriander, Petersilie, Minze oder Zitronengras, die man nach Wahl über die Gerichte streut; oft gibt es auch Salatblätter dazu. Überall werden zudem kleine, sehr gute Baguettes angeboten, eine Hinterlassenschaft der französischen Koloni-

> www.marcopolo.de/vietnam

ESSEN & TRINKEN

alherren. Reisnudeln oder Eiernudeln werden vor allem in der Suppe (*bun* oder *pho*) kredenzt. Eine Variation ist z. B. die *mien luon,* eine Nudelsuppe mit Aalstückchen. Weit verbreitet ist *mien ga,* Nudelsuppe mit Hühnchen, Pilzen, Schalotten oder Gemüse. Auf den Tischen stehen zudem große Flaschen mit *nuoc mam,* der Fischsauce aus den Fabriken in Phan Thiet und auf der Insel Phu Quoc, die zu keinem Gericht fehlen darf.

Die Restaurantauswahl reicht vom feinen Lokal bis zu kleinen Garküchen am Straßenrand. In gehobenen Restaurants wird à la carte gespeist. Doch sind die Rezepturen in Hotelrestaurants allzu oft dem Geschmack der westlichen Businesskundschaft angepasst: Es fehlt an Schärfe, und es wird fettreich gekocht. Oft erhält man auch statt *nuoc mam* japanische Sojasauce – für Vietnamesen kommt das angesichts der japanischen Besatzungszeit im Zweiten Weltkrieg einer nationalen Beleidigung gleich. Die vielen Spezialitätenrestaurants in den Großstädten und Touristenorten sind oft hervorragend – regelrechte Feinschmeckerlokale mit gepflegtem Ambiente und authentischer Küche. Doch keine Vietnamreise ist vollständig ohne Kostprobe an einer der Garküchen am Wegesrand. Meist gibt es nur eine Suppe oder einen Eintopf für umgerechnet ca. 0,50 Euro. Zumeist empfehlenswert sind auch die mit *com pho* (Reissuppe) gekennzeichneten Restaurants außerhalb großer Ortschaften. Englisch ist hier eine

> SPEZIALITÄTEN
Genießen Sie die typisch vietnamesische Küche!

Banh cuon – gedünsteter, hauchdünner Reiskuchen mit gehacktem Fleisch
Bon bay mon – hauchdünn geschnittenes Rindfleisch, in verschiedenen Saucen eingelegt, Spezialität aus Saigon
Bun cha – Schweinefiletspießchen vom Holzkohlegrill
Bun thang – kräftige, dicke Suppe aus Reisnudeln, Hühner- und Schweinefleisch, Garnelen und Spiegeleiern
Canh chua – süßsaure Fischsuppe, die mit Tamarinde, Koriander und Sojasprossen stark gewürzt wird
Cha – fein geschnittenes, mariniertes Schweinefleisch, auf Holzkohle gegrillt

Cha ca – fein geschnittene, in Fischsauce und Safran eingelegte, auf Holzspießchen über dem Grill geröstete Fischfilets

Cha gio – Frühlingsrolle, zumeist aus dünnem Reisteig, gefüllt mit Krabben, Schweinefleisch, Ei, Zwiebeln, Nudeln und Pilzen, in Öl gebraten. Nationalgericht, im Norden *nem ran* genannt (Foto)
Com thap cam – gerösteter Reis mit Hühner- und Schweinefleisch, Würsten, Eigelb, Karotten, Erbsen, Ingwer und anderen Gewürzen
Dua gia – fermentierter Salat aus Bohnenkeimen
Ech tam bot ran – Froschfleisch im Rührteig, in Öl gebraten; wird mit Essig, Pfeffer und Fischsauce verzehrt
Ga kho gung – Huhn, gekocht mit Ingwer, Fischsauce, Zucker und Pfeffer, karamellisiert (Südvietnam)
Gio – mageres Schweinefleisch, im Mörser zerstampft und dann in Bananenblätter gewickelt und gekocht
Mam chung – fermentierter Fisch (aus dem Reisfeld), sehr aromatisch, mit Hackfleisch, Ei, Nudeln und Kräutern gefüllt und gedämpft
Oc nhoi – Schneckenfleisch, gestreckt mit Schweinefleisch, fein gehackt und mit Fischsauce, Zwiebeln und Gewürzen zu einer Paste verrührt, die anschließend im Schneckenhaus gekocht wird
Tom bao mia – gegrilltes Zuckerrohr in Garnelenpaste

ESSEN & TRINKEN

Fremdsprache – lassen Sie sich den Preis aufschreiben.

Gut beraten ist man, den Umgang mit Stäbchen zu üben. Zwar wird auf Wunsch auch westliches Besteck gereicht, doch viel mehr Spaß macht das Essen natürlich mit dem traditionellen „Werkzeug", das zwischen Daumen, Zeige- und Mittelfinger gehalten wird. Achtung: Wer die Stäbchen nach dem Mahl im Reis stecken lässt, beschwört nach dem Glauben der einfachen Leute einen Todesfall herauf. Unhöflich ist es, im Essen herumzustochern – picken Sie sich lieber gezielt einzelne Bissen heraus. Als ganz unfein gilt es, mit den Stäbchen auf Menschen zu zeigen.

Auch allerlei Süßspeisen finden sich in Vietnam: Zum Nachtisch werden beispielsweise *banh bao* serviert, kleine, süßliche Kuchen, die mit Fleisch und Gemüse gefüllt sind. *Banh deo* sind in Zuckerwasser getränkte Klebreiskuchen, die mit Früchten und Sesam gefüllt werden. In Bananenblättern gedünstet werden *banh it nhan dao,* Kuchen aus Mungbohnenstärke, Reismehl und Zucker. Wem der Sinn nach Kandiertem – ob Früchte oder Gemüse – steht, bestellt *mut.* Zum Tee reicht man die zuckersüßen, geleeartigen Mungbohnenkuchen *banh dau xan,* und als Spezialität zum Tet-Fest, dem vietnamesischen Neujahrsfest, gibt es *banh chung,* mit Bohnen und Fleisch gefüllte Klebreiskuchen.

Natürlich kann man den Durst mit Mineralwasser *(nuoc soi)* oder allerlei Cola-Limonaden löschen. Doch Getränke wie der allgegenwärtige grüne Tee *(che),* frische Kokosmilch *(nuoc dua)* und die oft ausgezeichneten Obstsäfte *(sinh to)* aus tropischen Früchten sind nicht zu verachten. Reiswein mag nicht jedermanns Sache sein, aber Bier ist in sehr guter Qualität zu haben – entweder als *bia*

Nicht verpassen: Imbiss aus der Garküche

hoi (frisch gezapft) oder als Castel, Huda (aus Hue), Saigon Export, Bia Hanoi, Salida oder 333 (sprich: *ba ba ba*) – und mit ca. 0,50 Euro auch preisgünstig.

Der vietnamesische Kaffee ist von sehr guter Qualität und recht stark. Er wird auf französische Art zubereitet: Auf die Tasse kommt ein Sieb mit gemahlenem Kaffee, darüber wird kochendes Wasser gegossen.

PAPIERSCHNITZEL IM STROHHUT

Lassen Sie noch etwas Platz im Koffer: In Vietnam gibt's viele tolle Mitbringsel

> Vietnam ist ein Tummelplatz für Souvenirjäger. Sie sollten die Shops auswählen, in denen die Auslagen nicht mit Preisschildern versehen sind: Dann gehört Feilschen zum Geschäft, und es sind wahre Schnäppchen möglich. Das Angebot an Antiquitäten ist zwar groß, oftmals „vergessen" die Verkäufer jedoch, dass Touristen für solch ein altes Stück eine Ausfuhrlizenz benötigen. Ohne diese Erlaubnis wird die Ware am Zoll konfisziert – dies gilt übrigens auch für auf antik getrimmte Imitate. Abzuraten ist vom Kauf von Edelsteinen: Oft handelt es sich um billige Fälschungen.

FOTOGRAFIEN

Einer der besten Fotografen in Vietnam ist Long Thanh. Seine Arbeiten kann man in seiner Galerie in Nha Trang als Poster erstehen: stimmungsvolle Alltagsmotive mit wunderbarer, manchmal überraschender Perspektive zwischen Licht und Schatten. *126 Hoang Van Thu | Nha Trang | www.elephantguide.com/photographer/longthanh.htm*

KEGELHÜTE

Die konischen Hüte dienen den Reisbauern als Regen- oder Sonnenschutz. Bei qualitätvollen Exemplaren kann man zwischen den Strohhalmen dünne Papierschnitzel entdecken. Die schönsten Kegelhüte kommen aus der Region Hue: Das Dorf der Hutmacher Phu Cam (auch: Phuoc Vinh) liegt am Südufer des An-Cuu-Flusses. Dort zaubern die Frauen mit größter Fertigkeit aus Palmblättern die leicht transparenten Hüte, die sie mit Seidenfäden, Landschaftsbildern oder Poesiesprüchen verzieren (auch auf dem Dong-Ba-Markt in Hue erhältlich).

KLEIDUNG

In Seidengeschäften, z. B. in der „Schneiderstadt" Hoi An, können Sie sich Kleidung sehr preisgünstig anfertigen lassen. Wer sich ein Ao Dai, die Nationalbekleidung vietnamesischer Frauen, zulegen möchte – gute Exemplare kosten ca. 20 Euro –, sollte bedenken, dass diese Seidengewänder vor allem für wärmere Klimazonen geeignet sind.

> EINKAUFEN

KUNSTHANDWERK

Seide, bemalte oder von Hand bedruckte Baumwollstoffe, Stickereien, Kupfer- und Silberarbeiten, Schmuck, Statuen, Holzschnitzereien, Miniaturen, Lederwaren, Teppiche und sogar wunderschöne Möbel mit Intarsien sind zu günstigen Preisen erhältlich. Wer auf dem Weg von Hanoi nach Ha Long City ist, sollte das *Hong Ngoc Humanity Center (an der N 18 | Sao Do, Hai Duong)* besuchen: Hier gibt es u. a. auch Schuhe, Seidenkleider, Teeservice, Bücher und Gemälde; die Erlöse gehen an ein Ausbildungsprojekt für Behinderte. Wie wäre es mit einem Ho Chi Minh aus weißem Marmor für die Terrasse zu Hause oder einem lindgrünen Buddha als Briefbeschwerer? Am Fuß der Marmorberge im Dorf Quang Nam sind die Skulpturenmeister tätig – man folgt dem unüberhörbaren Hämmern vom Berg abwärts. Nicht weit vom Zentrum Nha Trangs, südlich der Hon-Chong-Bucht, hat sich Familie Hong Chau Sa auf Malereien aus 30 verschiedenen natürlichen Sandfarben spezialisiert: kunstvolle Souvenirs, ob Ho Chi Minhs Antlitz, eine typische Landschaftsszene oder, ganz westlich, der Weihnachtsmann *(4 B Nha Tho | Vinh Hai, Nha Trang)*.

LACKARBEITEN

Bei teuren Stücken, die es in Fachgeschäften gibt, sollten Sie sich nach der Zahl der aufgetragenen Lackschichten erkundigen. Faustregel: Je mehr Schichten, desto wertvoller ist ein Objekt. Minimum sind ca. zehn, Maximum oft mehr als 100 Schichten.

Insider Tipp

POP & CO.

Die Auswahl an preisgünstigen CDs und Musikkassetten ist groß. Angesagt ist Fusion-Sound: Die softe Version liefert die Sängerin Huong Thanh („Dragonfly"), mit gewaltiger Stimme kommt Vietnams populärste Sängerin Than Lam daher, und derart westlich inspirierte traditionelle Musik gibt es auch vom Jazzgitarristen Nguyen Le mit Huong Thanh. Ethnojazz für Fortgeschrittene macht Billy Bang („The Aftermath").

> STOLZE HAUPTSTADT UND NATURWUNDER

Parks, Pagoden und Neubauten prägen die Kapitale, Gebirge und das Delta des Roten Flusses die Umgebung

> Lange galt Hanoi als die ruhigere der beiden vietnamesischen Metropolen, doch die Zeiten sind vorbei. Eine schier endlose Zweiradkarawane knattert vorbei an Alleen, Villenmeilen, prachtvollen Kolonialbauten und am Ho-Chi-Minh-Mausoleum.

Hanoi ist nicht zu bändigen, und der Bauboom bedroht die malerischen Handwerkerhäuser der Altstadt. Doch versöhnen die zauberhaften Gartenanlagen, idyllischen Seen und noch immer stillen Winkel der Stadt.

Der Norden steckt auch voller Naturwunder: Südöstlich von Hanoi, knapp zwei Fahrstunden entfernt, ragen die weißgrauen Kalkfelsen der Ha-Long-Bucht aus dem Wasser. Und das Bergdörfchen Sa Pa entwickelt sich rasant, auch wenn es etwas zeitaufwendig ist, mit dem Zug in die „Vietnamesischen Alpen" im Nordwesten zu fahren, um die Bergvölker zu sehen und durch kühl-gemäßigten Regenwald zu wandern. Die tropi-

Bild: Tran-Quoc-Pagode in Hanoi

HANOI UND DER NORDEN

sche Variante findet man im Ba-Be-Nationalpark, der noch ein echter Geheimtipp im Norden Vietnams ist.

CAO BANG

[127 E1] Malerisch eingebettet in die Gebirgslandschaft, auf ca. 700 m Höhe, liegt die häufig von Dürre heimgesuchte Provinzhauptstadt Cao Bang (45 000 Ew.). Da man für die gut 270 km von Hanoi einen ganzen Tag benötigt, ist das Städtchen Ausgangspunkt für Ausflüge nach Ban Doc zum 53 m hohen und 300 m breiten *Ban-Doc-Wasserfall* (auch: Ban-Gioc-Wasserfall), in den idyllischen *Ba-Be-Nationalpark*, zu den malerischen *Thang-Hen-Seen* (Allradwagen erforderlich), zur *Pac-Bo-Höhle* und zum *Narang-Bergvölker-Markt.* In der Stadt und der Provinz leben vor allem Angehörige der Tay (Tho), aber auch viele Nung und einige Hmong.

Insider Tipp

CAO BANG

ESSEN & TRINKEN

Am Markt in der *Hoang Nhu* gibt es preisgünstige und gute Imbissstände.

MEN QUYEN RESTAURANT
Gleich am Markt liegt das einfache, bei den Vietnamesen offenbar beliebteste Lokal – so voll, wie es hier immer ist. Man wählt die Speisen direkt aus den Töpfen. *Tel. 026/85 64 33 | €*

ÜBERNACHTEN

HUONG THOM HOTEL
Nur elf saubere Zimmer hat dieses kuschelige Haus – oben mit Flussblick. Die Besitzer (die kein Englisch sprechen) bemühen sich redlich, es den Gästen behaglich zu machen. In der Parallelstraße zum Markt. Üppiges Frühstück. *45 Kim Dong | Tel. 026/85 58 88 | Fax 85 62 28 | €–€€*

Frauen vom Volk der Tay transportieren schwere Lasten an Tragstangen

EINKAUFEN

Mit etwas Glück können Sie auf dem Markt fein gewebte, bunte Teppiche der Tay und Muong kaufen. Auch Schnitzereien sind von sehr hoher Qualität. Empfehlenswert ist auch der große Markt der Bergvölker in *Tra Linh* an der Nationalstraße 3, der am 4., 9., 14., 19., 24. und 29. Tag eines Mondmonats stattfindet.

THANH LOAN HOTEL
Nahe dem Fluss Bang Giang gelegenes Hotel mit schlichten, unterschiedlich großen Zimmern (Satelliten-TV, Telefon, Badewanne), teils mit Mauerblick (ruhiger als zur Straße). Touristische Informationen an der Lobby, Internet. *32 Zi. | 159 Vuon Cam | Tel. 026/85 70 26 | Fax 85 70 28 | €*

> www.marcopolo.de/vietnam

HANOI UND DER NORDEN

AUSKUNFT

Cao Bang Tourist Info | Phong Lan Hotel | Nguyen Du | Tel. 026/85 22 45 | www.caobang.gov.vn (Buchung von Ausflügen, Guides und Allradwagen. Rufen Sie unbedingt einige Tage vor Ihrem Eintreffen an.)

ZIEL IN DER UMGEBUNG

BA-BE-NATIONALPARK [127 D2]

Das 85 km südwestlich von Cao Bang gelegene Gebiet wurde 1992 als Nationalpark eingerichtet. Der Park ist von über 1500 m hohen Bergen gesäumt. Hier leben die Tay in ihren typischen Pfahlbauten. Der Name Ba Be („drei Buchten") deutet an, dass sich hier Gewässer befinden: drei miteinander verbundene, insgesamt 8 km lange, kristallklare Seen, in denen es mehr als 50 Arten von Süßwasserfischen geben soll. Im umliegenden tropischen Regenwald gedeihen rund 400 Pflanzenarten, zudem sind hier mehr als 300 verschiedene Tierarten beheimatet, darunter viele Affen, bunte Schmetterlinge und unzählige Vögel. Ein eindrucksvolles Erlebnis ist die Bootsfahrt durch die knapp 30 m hohe, rund 300 m lange *Puong-Höhle:* Dort leben Fledermäuse, und die Felsen und Tropfsteine wirken im Schein der Taschenlampen unheimlich. Falls Sie in der Nähe der Seen übernachten wollen: Das *Ba Be Hotel (14 Zi. | Tel. 026/87 61 15 | €)* im 18 km entfernten Tay-Dorf Cho Ra stellt annehmbare Zimmer bereit.

Dreitägige Touren kosten ca. 180 Euro pro Person (bei zwei Personen, z. B. bei *Asiatica Travel | www.asiaticatravel.com);* der Preis ist abhängig von der Teilnehmerzahl und der Agentur, am billigsten sind die Touren der Travellercafés in Hanoi. Eine Gebühr von 0,50 Euro ist im Besucherzentrum am Parktor zu entrichten. *Nationalparkbüro: Tel. 0281/89 40 26 | www.babenationalpark.org*

MARCO POLO HIGHLIGHTS

★ Ha-Long-Bucht
Einfach herausragend: überflutete Kalksteinfelsen im Meer (Seite 34)

★ Alt-Hanoi
Malerische Handwerkerhäuser und quirlige Straßenmärkte (Seite 39)

★ Ho Hoan Kiem
An diesem idyllischen Stadtsee in Hanoi treffen sich nicht nur Verliebte (Seite 42)

★ Van Mieu
Konfuzianisch schlicht, doch beeindruckend groß ist der Literaturtempel in Hanoi (Seite 42)

★ Chua Thay und Chua Tay Phuong
Die buddhistischen Pagoden-Perlen Vietnams (Seite 48)

★ Huong Tich Son
Prächtige Karstlandschaft und die Pilgerpagode Chua Huong (Seite 49)

★ Trockene Ha-Long-Bucht
Turmkarstlandschaft bei Ninh Binh – Fels bis an den Horizont (Seite 49)

★ Sa Pa
In den schroffen Bergen des Nordwestens kann man bunt gekleidete Bergvölker erleben (Seite 51)

HA-LONG-BUCHT

HA-LONG-BUCHT

[127 E–F3] ⭐ **Die spektakuläre Bucht ist Vietnams landschaftliches Juwel, 1994 wurde sie in die Liste des Unesco-Welterbes aufgenommen.** Rund 2000 Inseln ragen aus dem Wasser des Golfs von Tongking. Die Fläche der Bucht entspricht mit 1500 km^2 knapp der doppelten Fläche von Berlin. Für die Entstehung gibt es zwei Erklärungen: zunächst eine wissenschaftliche, die besagt, dass die Felsen zur südwestchinesischen Kalktafel gehörten und nach der letzten Eiszeit vom Meer überspült wurden. Und eine Legende: Um mongolische Invasoren abzuwehren, soll einst ein Drache vom Himmel geflogen sein und die Landschaft mit seinem Schwanz zertrümmert haben, damit die Reiterheere ein Hindernis fänden. Dann tauchte der Drache ins Meer ab, damit das Wasser die Täler fluten konnte.

Die beiden früher einmal idyllischen Fischerhäfen *Hon Gai* und *Bai Chay* heißen heute *Ha Long City* und sind seit Kurzem durch eine Brücke miteinander verbunden. Sie haben sich in einen trubeligen Vergnügungsort verwandelt – mit einer pausenlos wachsenden Skyline von Hotels, mit Nachtmarkt, Kasino, übertrumpftem Wasserpuppentheater und gigantischer Zirkusarena auf der 5 km entfernten *Tuan-Chau-Halbinsel*.

> LOW BUDGET

> - Ein Blick in die Zukunft, z. B. bei den Bergstämmen in Cao Bang oder Sa Pa, kostet nur 1 Euro: Der weise Mann bietet dafür Rituale am Feuer, mit Steinen und Bambushölzern als „Telefon" zu Ahnen und Geistern.
> - Im *Ocean Beach Resort* auf dem dschungeligen Inselchen Cat Ong nächtigt man in sieben urigen, palmblattgedeckten Doppelhütten am Strand oder auf dem Hügel. Strand-BBQ, Kajaktouren. Ab 14 Euro. *14 Zi. | Cat Ong (ca. 5 km südöstlich von Cat Ba) | Tel. in Hanoi (bei Ocean Tours) 04/926 04 63 | Fax 926 05 02 | www.oceanbeachresort.com*
> - ▶▶ *The Noble House* in Cat Ba: Treffpunkt der Rucksackreisenden und Rockclimber, die hier in nur fünf Zimmern mit Malereien der französisch-vietnamesischen Künstlerin Mai La Canaille unterkommen. Teils Balkon mit Hafenblick, Satelliten-TV, Kühlschrank, ab 12 Euro. *1/4 Street Nr. 4 (Promenade) | Tel. 031/388 83 63*
> - Noch billiger auf Cat Ba: Am Strand *Cat Co 2* und auf *Monkey Island* kann man campen (ca. 4–10 Euro pro Zelt, Matratze und Licht; Verpflegung muss teils mitgebracht werden).

■ SEHENSWERTES

HÖHLEN

Zur Schönheit der Ha-Long-Bucht tragen die vielen Tropfsteinhöhlen bei, wie etwa die *Hang Dau Go*, die „Holzstangenhöhle". Dort sollen hölzerne Waffen versteckt gewesen sein, mit denen im 13. Jh. die Nordvietnamesen 500 000 Mongolen unter Kublai Khan vorübergehend in die Flucht schlagen konnten. Man erreicht die Höhle über 90 Stufen. Ein außergewöhnliches Erlebnis ist der Besuch der *Hang Trong*, der „Trommelgrotte": Wind und Wetter verur-

HANOI UND DER NORDEN

sachen an den Stalagmiten und Stalaktiten eigenartige Geräusche. Die schönste Höhle ist die effektvoll beleuchtete *Hang Sung Sot*. In dem weiten Gewölbe verteilen sich die Besuchergruppen auf die drei Säle und können den Rundweg mit geradezu mystischen Ausblicken in relativer Ruhe genießen. Die Bootstouren durch die Bucht starten in Bai Chay oder von der Insel Cat Ba aus.

■ ESSEN & TRINKEN
KIM HANG RESTAURANT
Fünf Etagen nur zum Schmausen: Spezialität dieses beliebten Fischlokals sind Seafoodmenüs mit Krebs, Fischfilet, Garnelen und Tintenfisch. *123 Ha Long Rd. | Bai Chay (ca. 4 km außerhalb vom Zentrum Richtung Tuan Chau) | Tel. 033/84 68 09 | www.nhahangkimhang.com | € – €€*

PHUONG OANH RESTAURANT
Kleines Familienlokal, auf der Karte stehen viele Meeresfrüchte. Auch Frühstück. *Ha Long Rd. (an der Ecke gegenüber der Post und dem Thong Nhat Hotel) | Bai Chay | Tel. 033/84 61 45 | €*

■ EINKAUFEN
NACHTMARKT IN BAI CHAY
Hier ist jeden Abend etwas los: Auf den Tischen zwischen Promenade und Strand türmen sich Essstäbchen, Badeanzüge, Schuhe, Spielzeug und Schnickschnack jeder Art. Für Kinder gibt es einen kleinen Jahrmarkt. *Tgl. 18–23 Uhr*

■ ÜBERNACHTEN
ATLANTIC HOTEL
Hotel in bauhausähnlichem Stil, mit luftigem Terrassenlokal. Modern ein-

Schönheit, die nur ein Drache geschaffen haben kann: die Ha-Long-Bucht

HA-LONG-BUCHT

gerichtete Zimmer auf fünf Etagen (Satelliten-TV, Telefon, teils Balkon). *52 Zi. | Tuan Chau | Tel. 033/ 84 28 42 | Fax 84 20 48 |* www.atlantichotel.com.vn *|* €€

AU LAC RESORT
Villen und Zimmer am Privatstrand oder am Hügel (große Bäder, teils Jacuzzi) mit phantastischem Panorama. Pool, Massagen, Fitnessraum, Golfplatz, Helikopterflüge über die Bucht. Die Halle ähnelt dem Opernhaus in Sydney. *53 Zi. | Tuan Chau | Tel. 033/84 29 99 | Fax 84 23 33 |* www.tuanchauresort.com.vn *|* €€€

HERITAGE HOTEL
Kleine Zimmer, teils Schaukelstühle, Marmorbäder und Balkon. Suite mit Heizung und Kamin. Ruhiger Pool, Massagen, Sauna, laute Karaokedisko. *101 Zi. | 88 Ha Long Rd. (Promenade) | Bai Chay | Tel. 033/84 68 88 | Fax 84 69 99 |* €€ – €€€

VIETHOUSE LODGE
Herrlich rustikale Zimmer mit altem Dachgebälk und Pfeilern, Flügeltüren, viel Rattan, Terrakotta und Holz, Satelliten-TV. Terrassenlokal, Sauna, Touren, Internet. *23 Zi. | Tuan Chau | Tel. 033/84 22 07 | Fax 84 22 08 |* www.viethouselodge.com *| € – €€*

FREIZEIT & SPORT
BOOTSAUSFLÜGE
Für die Ausflüge in die Ha-Long-Bucht und auf die Insel Cat Ba bekommt man am neuen Touristenpier in Bai Chay (nahe Thang Long Hotel) Tickets und Boote ab rund 25 Euro pro Boot und Tag, auch abhängig von der Teilnehmerzahl und der Bootsart. 300 Kähne, Dschunken und Raddampfer warten auf Gäste. Die Ha-Long-Touren kann man auch von Cat Ba aus unternehmen.

KAJAKTOUREN
Wer in der Bucht nicht nur schwimmen möchte, kann per Kajak einige der Höhlen hinter ihrer schmalen Öffnung erkunden und in die smaragdgrüne Lagune paddeln (z. B. in die *Hang Luon*). Oder man macht einen Abstecher in die „schwimmenden" Fischerdörfer, wie z. B. *Van Gia,* wo sogar die Schule schwimmt.

AM ABEND
TRUNG NGUYEN 2 ▶▶
Dieses Lokal oberhalb der Hauptstraße ist nicht zu übersehen oder zu überhören. Man trifft sich bei Fruchtsäften, Bier, Whisky, Eis, Eiskaffee und Snacks. *Ha Long Rd. (Promenade) | Bai Chay | Tel. 033/84 43 38*

AUSKUNFT
Tourist Service Center | Bai Chay Pier | Ha Long City | Tel. 033/84 41 90 und 84 74 81 | www.halong.com

ZIELE IN DER UMGEBUNG
BAI-TU-LONG-BUCHT [127 F3]
Die nördlich gelegene Bucht ist viel ruhiger als die Ha-Long-Bucht. Es gibt hier nicht so viele spektakuläre Höhlen, aber dafür mehrere größere Strände, wie auf den Inseln *Quan Lan* und *Van Don.* Auf Quan Lan werden Riesengarnelen und Fische gezüchtet, und noch heute findet man hier uralte Traditionen wie das Bootsrennen zum Dorffest im Sommer. Aber schon wird entlang der Straßen

> www.marcopolo.de/vietnam

HANOI UND DER NORDEN

und im Hauptort fleißig gehämmert und gehobelt: Den ersten Bungalows an beiden Inselstränden werden weitere folgen. Die Fähren von Cam Pha auf dem Festland verkehren mehrmals täglich nach Quan Lan, ebenso von Hon Gai (Ha Long City). Wer dem Hydrofoil-Tragflächenboot ab Ha Long City. Am *Bai-Dai-Strand* am östlichen Ende wirkt Van Don noch immer ländlich, doch auch hier ist die eifrige Bautätigkeit entlang der Küste nicht zu übersehen. Vor der schönen Kulisse aus Felsinseln ver-

Wasserstraße wörtlich genommen: „schwimmendes" Fischerdorf in der Ha-Long-Bucht

gern einsam und spartanisch wohnt, wird das *Quan Lan Eco Resort* (ca. 2 km vom Pier | Tel. 033/87 74 71 | Fax 87 72 57 | www.atiresorts.com | €) mögen. Es hat nur sieben rustikale, mit Palmblättern gedeckte Stelzenhütten (Kaltwasserdusche, Ventilator) und liegt direkt am Strand.

Die nördlich gelegene Insel Van Don ist seit Kurzem durch eine Brücke mit dem Festland verbunden. Hierher gelangt man zweimal täglich mit der Fähre von Quan Lan oder mit kehrt ein endloser Strom von Frachtern, Booten und Fähren – immerhin war Van Don schon vor rund 1000 Jahren der erste kommerzielle Fischereihafen der Ly-Dynastie. Günstig übernachten kann man im *Bai Tu Long Eco Resort* (Bai Dai | Tel. 033/79 31 56 | Fax 79 36 74 | www.baitulong.com | www.atiresorts.com | €) mit 46 einfachen Reihenzimmern (Klimaanlage, Holzparkett) in Stelzenbungalows. Der Strand ist etwa 100 m entfernt.

HA-LONG-BUCHT

CAT BA [127 E3]

Cat Ba ist die größte Insel der Ha-Long-Bucht und liegt ca. 20 km südwestlich von Ha Long City. Vor allem im Hauptort Cat Ba gibt es Dutzende Minihotels, und an den Wochenenden kommen zahllose Ausflügler, um sich in Karaokebars zu vergnügen. Doch ein großer Teil der Insel steht seit 1986 unter Naturschutz, und so sind der touristischen Entwicklung Grenzen gesetzt. Bewaldete, bis zu 300 m hohe Berge, tiefe Schluchten, Höhlen und Grotten sowie von Felsen umschlossene Badebuchten bilden ein kleines, südseeähnliches Areal, in dem zahlreiche Affen und Vogelarten leben. Die beste Jahreszeit zum Baden ist von Juni bis Oktober, sonst ist es oft kühl und neblig. Auf Touren in den Nationalpark kann man Höhlen besichtigen, in denen Steinwerkzeuge und Menschenknochen gefunden wurden, die bis zu 7000 Jahre alt sind (Eintritt ca. 1,25 Euro).

In einer Minibucht liegt das villenartige Strandhotel *Sunrise Resort (39 Zi. | Cat-Co-3-Strand | Tel. 031/ 388 73 60 | Fax 388 73 65 | www. catba-sunriseresort.com | €€–€€€)* mit schönen Zimmern (teils Jacuzzi), Pool, drei Restaurants und Wassersportangebot. Ein sehr gutes, 14-stöckiges Hotel mit Balkonzimmern und Panoramalokal ist das ☆ *Holiday View Hotel (120 Zi. | Road 1/4, am östlichen Ende der Promenade | Tel. 031/388 72 00 | Fax 388 72 08 | www.holidayviewhotel-catba.com | €–€€)*. Für Preisbewusste empfiehlt sich das *Rong Bien Minihotel (24 Zi. | Nui Ngoc, neben der Blue Note Bar | Cat Ba City | Tel. 031/388 87 30 | €)* in einer Quergasse: Die Zimmer mit Warmwasserdusche sind für den (einstelligen) Spottpreis in Ordnung, Gemeinschaftsbalkon.

Tapas und Pasta, Suppen und Salate, Vegetarisches und Seafood in schickem Ambiente an der Uferpromenade bekommt man im *Green*

Fahrräder, Rikschas, Mopeds, Fußgänger – Alltag in Hanois Altstadt

HANOI UND DER NORDEN

Mango (nahe dem Holiday View Hotel | Tel. 031/388 71 51 | €€). In ▶▶ *The Good Bar 8* (1/4 Street Nr. 4/Promenade | Tel. 031/368 84 50 | €) trifft sich die Climberszene bei Pizza, Hamburgern und vietnamesischen Gerichten, Poolbillard, Tischfußball und Darts.

HAI PHONG [127 E3]

Die Atmosphäre der drittgrößten vietnamesischen Stadt (700 000 Ew.), die gut 100 km südöstlich von Hanoi am Song-Cam-Fluss liegt, erschließt sich nicht auf den ersten Blick. Doch schon bald zeigt sich die koloniale Vergangenheit Hai Phongs, das ab 1876 von den Franzosen zum Hafenstandort ausgebaut wurde: Im *Quartier Français* rund um die Dien Bien Phu stehen Villen, kleine Paläste, Hotels und Kolonnaden. Daran schließt sich östlich die Altstadt an. Der hübsche, im 18. Jh. entstandene Tempel *Den Nghe* (Ecke Le Chan/Me Linh) wird von einem reich verzierten Steinaltar beherrscht; sehenswert sind auch die vergoldeten Sänften, die wie die gesamte Einrichtung aus dem 19. Jh. stammen.

Im gemütlichen *Saigon Café* (107 Dien Bien Phu | Tel. 031/382 21 95 | €€) treffen sich Reisende aus aller Welt; abends oft westlich orientierte Livemusik. Sehr empfehlenswert ist das *Harbour View Hotel* (127 Zi. | 4 Tran Phu | Tel. 031/382 78 27 | Fax 382 78 28 | www.harbourviewvietnam.com | €€–€€€) in elegantem Kolonialstil. Hier werden auch viele Ausflüge organisiert. Das *Huu Nghi Hotel* (172 Zi. | 60 Dien Bien Phu | Tel. 031/382 32 44 | Fax 382 32 45 | huunghihotel@hn.vnn.vn | €€) ist ein modernes, elegantes Stadthotel mit Pool und Bar (im 10. Stock).

Vom *Ben-Binh-Terminal* aus fahren mehrmals täglich Fährboote zur Insel Cat Ba (Fahrtdauer: Slow Boat zwei Stunden, Tragflügelboot rund 50 Minuten). *Auskunft: Haiphong Tourism Service* | 62 Dien Bien Phu | Tel. 031/382 27 77 | Fax 374 76 07 | www.haiphongtourism.com

HANOI

KARTE AUF SEITE 132/133

[127 D3] Stolz und erhaben liegt Hanoi (rund 1,5 Mio. Ew.) inmitten einer fruchtbaren Ebene 139 km oberhalb der Mündung des Roten Flusses (Song Hong) in den Golf von Tongking. Weiträumige Parkanlagen und rund 600 Tempel, Pagoden und europäischen Prunkbauten aus der Kolonialzeit prägen das Gesicht des im Jahr 1010 gegründeten, aber erst von Kaiser Minh Mang (1820–41) benannten *Ha Noi*, der „Stadt an der Biegung der Flüsse". Nachdem der Wirtschaftsboom den Norden Vietnams voll erfasst hat, ist die Millionenmetropole im Aufbruch begriffen: Mopeds röhren durch die Straßen, Baulärm erfüllt die Häuserzeilen, überall entstehen Wohnhäuser oder Büroanlagen, und in den Luxushotels steigt heute wie einst die High Society ab.

■ SEHENSWERTES

ALT-HANOI [132–133 C–D 2–3]

★ Kein Hanoi-Besucher kommt an der Altstadt vorbei. Ihr Herz schlägt im Handwerkerviertel, das sich ab dem 11. Jh. bildete, als Kaiser Ly Thai To die Hauptstadt nach Thang

HANOI

Long verlegte. Um den Kaiserpalast formte sich ein Ring aus 36 Dörfern – in jedem Ort gab es ein anderes Handwerk oder Gewerbe. Zünfte, Innungen und Gilden entstanden. Aus dieser Zeit übrig geblieben sind die „36 Gassen". Da sich in jeder Straße eine bestimmte Zunft niedergelassen hatte, sind sie nach den Waren benannt, die einstmals hier verkauft wurden: *Hang Ca* ist die Fischgasse, *Hang Bo* die Korbgasse, *Hang Buom* die Gasse der Segelmacher, *Hang Non* die der Hutmacher und *Hang Hom* die Sarggasse. Leider sind die Backsteinhäuser aus dem 19. Jh. vom Bauboom bedroht. Auch die Auslagen der Geschäfte haben sich vor allem den Bedürfnissen des Touristenstroms angepasst.

CHUA BA DA [133 D4]

In der „Pagode der steinernen Frau" wird die Nachbildung einer Frauenstatue verehrt, die im Jahr 1010 bei Beginn der Bauarbeiten an der Zitadelle gefunden wurde. Der Statue maß man seinerzeit magische Kräfte bei. *Tgl. Sonnenaufgang bis -untergang, 3 Nha Tho, zwischen Hoan-Kiem-See und Kathedrale*

CHUA MOT COT [132 A2]

Zur „Einsäulenpagode" gibt es eine hübsche Legende: Dem alternden, kinderlosen Kaiser Ly Thai To erschien eines Nachts die Göttin Quan Am, die ihm einen kleinen Jungen zeigte. Schon bald gab es männlichen Nachwuchs im Kaiserhaus, und Ly Thai To ließ aus Dankbarkeit auf einer Steinsäule einen Gedenkschrein in Form einer Lotosblüte bauen. Nachdem die Säule 1954 von den Franzosen umgestürzt worden war, wurde sie in Beton nachgebildet. Noch heute wird hier Quan Am als Kinderbringerin verehrt. *Tgl. Sonnenaufgang bis -untergang, an der Chua-Mot-Cot-Straße, südlich des Ho-Chi-Minh-Mausoleums*

CHUA QUAN SU [132 C4]

In der „Botschafterpagode" wuselt das Leben – kein Wunder, denn hier befindet sich das buddhistische Zentrum der Stadt. Im 15. Jh. waren hier in einer Herberge buddhistische Gesandte aus anderen Nationen untergebracht. Heute ist die Chua Quan Su von Mönchen und Nonnen bewohnt. *Tgl. 7.30–11.30, 13.30–17.30 Uhr | 73 Quan Su*

DEN NGOC SON [133 D3]

Der „Jadebergtempel", der auf einer Insel im nördlichen Hoan-Kiem-See steht, ist drei Persönlichkeiten gewidmet: General Tran Hung Dao, der im 13. Jh. die Mongolen besiegte, dem Gelehrten Van Xuong und dem

Skulptur eines meditierenden Buddhas im Historischen Museum

HANOI UND DER NORDEN

Schutzheiligen der Ärzte, La Tho. Sie erreichen den Tempel über die hübsche The-Huc-Brücke, die rote „Brücke der aufgehenden Sonne". *Tgl. 8–17 Uhr | Eintritt 0,25 Euro*

DEN TRAN VU [132 B1]

Der Tran-Vu-Tempel, der wichtigste daoistische Tempel Hanois, wurde im Jahr 1010 vor den Toren der Stadt errichtet. Er ist dem Dämon und Zauberer Huyen Thien Tran Vu gewidmet, dem man außerhalb des Stadtgebiets huldigte, damit die Stadt selbst von Unglück verschont bliebe. Die 4 m hohe, knapp 4 t schwere Bronzestatue des Tran Vu entstand 1677. *Tgl. 8–18 Uhr | Eintritt 0,25 Euro | Quan Thanh, am Südostufer des Westsees*

ETHNOLOGISCHES MUSEUM [0]

Hervorragend konzipierte Ausstellungen zu Kultur, Siedlungsweise, Arbeitsgeräten, Trachten, Kunsthandwerk und Religion der Minderheiten Vietnams. *Di–So 8.30–17.30 Uhr | Eintritt 1 Euro | Nguyen Van Huyen, am nördlichen Stadtrand auf dem Weg zum Flughafen | Bus 14 ab Bo Ho (Parkplatz am Nordufer des Hoan-Kiem-Sees) bis zur Ausfallstraße Hoang Quoc Viet (Höhe Nr. 32), dann 5 Minuten zu Fuß (Wegweiser), Fahrzeit 25 Minuten*

HISTORISCHES MUSEUM [133 E4]

Mehr als 2000 Exponate geben, auf zwei Stockwerke verteilt, einen ausführlichen Überblick über die vietnamesische Geschichte. *Di–So 8 bis 11.30, 13.30–16.30 Uhr | Eintritt 1 Euro | 1 Pham Ngu Lao, östlich des Stadttheaters*

Eine Brücke verbindet das Seeufer mit dem Tempel Den Ngoc Son

HO-CHI-MINH-HAUS [132 A2]

An dem hölzernen Wohnhaus, das Ho Chi Minh von 1958 bis zu seinem Tod 1969 bewohnte, stehen die Besucher meistens Schlange. So sind die Einblicke in das spartanisch eingerichtete Arbeitszimmer, das nicht minder sparsam ausgestattete Schlafzimmer und den kleinen Teich, an dem „Bac Ho" (Onkel Ho) oftmals sinnierte, zeitlich begrenzt. *Tgl. 8 bis 11, 13.30–16 Uhr | Eintritt 0,50 Euro | Ba-Dinh-Platz, neben dem Präsidentenpalast (im Park)*

HO-CHI-MINH-MAUSOLEUM [132 A2]

Trutzig wirken die Quadersteine des Totenhauses von Ho Chi Minh, das 1973–75 aus schwarzem, rotem und grauem Marmor für den großen Revolutionär gebaut wurde. Schweigend und zumeist in einer langen Be-

HANOI

suchersschlange defiliert man vorbei am Glassarkophag mit den sterblichen Überresten. Auf dem Platz vor dem Mausoleum hatte Ho Chi Minh am 2. September 1945 die Unabhängigkeit Vietnams erklärt. *April–Sept. Di–Do 7.30–10.30, Sa, So 7.30–11 Uhr, Dez.–März Di–Do 8–11, Sa, So 8–11.30 Uhr (Okt./Nov. für 1 Monat geschl.) | Eintritt frei | kein Einlass in Shorts, Miniröcken und Trägerhemdchen | Kameras sind abzugeben*

HO-CHI-MINH-MUSEUM [132 A3]

Hier haben russische und vietnamesische Künstler zusammengearbeitet und Ausstellungen konzipiert, die nicht nur die Person Ho Chi Minhs mit zahlreichen Fotos, Handschriften, Artikeln und Memorabilia in der Abteilung „Vergangenheit" würdigen. Im zweiten Stock ballen sich, unter dem Titel „Zukunft", Kitsch und Kunst. Das Museum wurde 1990 zum 100. Geburtstag Ho Chi Minhs eröffnet. *Di–So 8–12, 13.30–16.30 Uhr | Eintritt 0,45 Euro | Ngoc Ha*

HO HOAN KIEM ★ [133 D3–4]

Am „See des zurückgegebenen Schwertes" soll der Held Le Loi im 15. Jh. ein mächtiges Schwert von einer goldenen Schildkröte aus dem See erhalten haben, um damit die chinesischen Besatzer zu vertreiben. Als ihm dies gelungen war, fuhr das magische Schwert von selbst aus der Scheide und kehrte zu der Schildkröte zurück. Zum Dank entstand der *Thap Rua*, der Schildkrötenturm, auf einer Insel mitten im See. Der See, der Alt-Hanoi und das französische Kolonialviertel verbindet, entstand durch Rückstau des Roten Flusses.

„RÖHRENHAUS" IN DER MA MAY STREET [133 D3]

Ein Holzhaus aus dem 19. Jh. konnte sich behaupten. Es wurde Ende der 1990er-Jahre restauriert und für Besucher geöffnet – als typisches Beispiel für diese Art der schmalen, engen „Röhrenhäuser". Man zieht die Filzpantoffeln an und staunt: beispielsweise über die fein geschnitzten Flügeltüren, die Ziegelgravuren, die ein langes Leben verheißen, und ein wunderschönes antikes Bett mit Perlmuttverzierungen im oberen Stockwerk. *Tgl. 8–17 Uhr | 87 Ma May | Eintritt 0,25 Euro*

VAN MIEU ★ [132 B4]

Den Literaturtempel Van Mieu ließ Ly Thanh Tong, der dritte Herrscher der Ly-Dynastie, im Jahr 1070 zu Ehren des Konfuzius errichten. Nur sechs Jahre später gründete sein Nachfolger Ly Nhan Tong in einem Nebengebäude die erste Universität Vietnams: Quoc Tu Giam, das „Institut der Söhne des Staates". Die 70 mal 350 m große Anlage des Van Mieu besteht aus einer strengen Abfolge von Toren und Höfen, die dem Heiligtum des Konfuzius vorgelagert sind. Symbolisch für vier Prüfungen, die man bis zur Erlangung der Himmlischen Klarheit bestehen muss, passiert man nacheinander vier Tore.

Der Weg beginnt an der Straße Quoc Tu Giam, von wo aus man durch das *Van-Mieu-Portal* in den Vorhof gelangt. Der gepflasterte Weg führt auf das Tor *Dai Trung* zu, das „Tor der Großen Mitte", und weiter zum Tor *Khue Van Cac*: Die „Plejadenpforte", ein 1805 erbauter Pavillon, erhielt ihren Namen nach der für

> www.marcopolo.de/vietnam

HANOI UND DER NORDEN

die Gelehrten bedeutenden Sternenkonstellation. Hier fanden literarische Debatten und Dichterlesungen statt. Im dahinter liegenden Hof scharen sich steinerne Schildkröten, Symbole der Weisheit, um den *Thien Quang Tinh,* den „Brunnen der Himmlischen Klarheit". Sie tragen 82 Stelen aus den Jahren 1442–1779 mit den Namen der erfolgreichen Absolventen der konfuzianischen Akademie.

Durch das Tor *Dai Thanh* (Großer Erfolg) betritt man den vierten, wichtigsten Hof mit den Tempelgebäuden und der Zeremonienhalle zu Ehren der 76 weisesten Schüler des Konfuzius. Dahinter liegt der fünfte und letzte Hof, *Thai Hoc* – hier befinden sich ein Museum und im zweiten Stock Altäre mit Statuen der drei Könige Ly Nhan Tong, Ly Thanh Tong und Le Thanh Tong. *Tgl. 8–17 Uhr | Eintritt 0,25 Euro*

ZITADELLE [132 B–C 2–3]

Gut 50 Jahre lang war sie militärisches Sperrgebiet, nun sind die ersten rekonstruierten Teile wieder für Besucher zugänglich. Kaiser Gia Long hatte die Zitadelle 1802–12 nach Plänen französischer Festungsbaumeister errichten lassen. So war es 1872 für die Franzosen nicht schwer, das Bollwerk zu erobern und großteils zu zerstören. Über das Nordtor *Cua Bac* und das Zentraltor *Doan Mon* auf Höhe des Ho-Chi-Minh-Mausoleums kommt man hinein. *Mo–Fr 9–17 Uhr | Eintritt 1 Euro*

■ ESSEN & TRINKEN

Gute Garküchen gibt es am Westrand der Altstadt in den Gassen *Tong Duy*

Hort konfuzianischer Gelehrsamkeit: Literaturtempel Van Mieu

HANOI

Tan und *Cam Chi*, ca. 500 m nordöstlich des Bahnhofs. Am Südufer des Westsees, in der *Thuy Khue*, befinden sich rund 30 Fischlokale.

AU LAC CAFÉ [133 D4]
In dieser umgebauten französischen Villa gibt es gute internationale Snacks, aber auch einheimische Gerichte in schickem Designercafé-Ambiente. Schöne Terrasse. *57 Ly Thai To | Tel. 04/825 78 07 | €€*

BANGKOK HANOI RESTAURANT [132 C4]
Hervorragendes kleines Thai-Lokal mit der ganzen Palette der Leckereien aus dem Nachbarland. Man speist auf zwei Etagen, oben auf einer kleinen Veranda. *52 A Ly Thuong Kiet | Tel. 04/934 55 89 | €*

CAFÉ GOETHE [132 B3–4]
Wem der Sinn nach Kartoffelsalat, Wiener Würstchen oder Schweinshaxe steht, speist angenehm im ruhigen Innenhof des Goethe-Instituts in einer alten Villa. Hier gibt's auch ein Internetcafé. *56–58 Nguyen Thai Hoc | Tel. 04/734 22 51 | €*

CYCLO-BAR [132 C3]
Ganz gleich, ob Sie die Küche Hanois oder des ganzen Landes kennenlernen wollen: Hier stimmen nicht nur Preis und Leistung. Auch das Ambiente ist originell: Die Besitzer haben ausrangierte Cyclo-Kabinen liebevoll restaurieren und an die Tische stellen lassen. Gemütlicher Freibereich. *38 Thanh (nahe Hang-Da-Markt) | Tel. 04/828 68 44 | €€*

> BLOGS & PODCASTS
Gute Tagebücher und Files im Internet

> www.cms.vietnam-infothek.de – Sehr engagierte private Website von zwei Landesliebhabern – mit Leserbeteiligung, Forum, aktuellen Reiseinfos, privaten Reiseberichten, Veranstaltungsterminen, Büchertheke und schier endlosem Pressespiegel.

> *http://vietnamesegod.blogspot.com* – Ein junger Vietnamese aus Nha Trang berichtet über seine Reiseerlebnisse in ganz Vietnam. Rezepte, Fotos, Adressen, Tipps. Interessanter Blick auf das moderne Vietnam.

> *www.forum-vietnam.de* – Aktuelles Forum mit Erfahrungsaustausch zu vielen Themen, auch touristischen Hinweisen und Erlebnissen.

> *http://ngcblog.nationalgeographic. com/ngcblog/2008/02/exclusive_ vietnam_veterans_tel.html* – Veteranen des Vietnamkriegs erinnern sich.

> *www.podfeed.net/podcast/Survi- val+Phrases+-+Vietnamese/11755* – Vietnamesisch richtig aussprechen!

> *www.podcast.eastmanhouse.org/ ghosts-in-the-landscape-vietnam- revisited* – Ausstellungsrundgang im George Eastman House (New York). Der Fotograf Craig J. Barber war als US-Marine im Vietnamkrieg und hat das Land ab 1995 wieder besucht.

> *www.schaetze-der-welt.de/denk mal.php?id=196* – Videos und „Interaktives Bilderbuch".

Für den Inhalt der Blogs & Podcasts übernimmt die MARCO POLO Redaktion keine Verantwortung.

HANOI UND DER NORDEN

DAC KIM [132 C3]
Eine der ganz guten Hanoier Miniçgarküchen. Hier gibt jeden Tag z. B. die köstlichen *nem*, Frühlingsrollen. *1 Hang Manh | Tel. 04/828 50 22 | €*

PRESS CLUB [133 D3]
Die beste französische Küche, aber auch die teuersten Gerichte Hanois. *59 A Ly Thai To | Tel. 04/934 08 88 | www.hanoi-pressclub.com | €€€*

Rot ist die Farbe des Glücks: Momentaufnahme vom Hang-Da-Markt

HIGHLAND COFFEE ▶▶ [132 B1]
Treffpunkt der jugendlichen Schickeria am Westsee: Modernes Floating-Restaurant mit asiatischen und internationalen Snacks, Suppen, Salaten, Wein, Bier und Cocktails. *34 Thanh Nien | Tel. 04/829 21 40 | €–€€*

HIGHWAY 4 [133 D3]
Cafébar mit den besten selbst gebrannten Schnäpsen in ganz Vietnam (über 30 Sorten) und wunderbarer nordvietnamesischer Küche, auch Spezialitäten der Bergvölker. *5 Hang Tre | Tel. 04/926 06 39 | weitere Lokale 54 Mai Hac De [133 D6] und 575 Kim Ma [0] | www.highway4.com | €€*

INDOCHINE [132 B4]
Preisgekrönte vietnamesische Küche vom Feinsten in elegantem Ambiente bei traditioneller Musikbegleitung. *16 Nam Ngu | Tel. 04/942 40 97 | €€€*

■ EINKAUFEN

LA BOUTIQUE [132 C4]
Das Geschäft führt hochwertige, teilweise recht originell bemalte Seidenstoffe und modische Kleidung aus Seide. *6 Na Tho, nahe der St.-Josephs-Kathedrale*

CRAFT LINK UND HOA SEN GALLERY [132 B4]
Kunsthandwerk (vor allem Webarbeiten der Bergvölker) und schöne Souvenirs. Die Verkaufserlöse gehen an Projekte zugunsten der Minoritäten und Hanoier Straßenkinder. *43 und 51 Van Mieu, Nähe Literaturtempel | www.craftlink-vietnam.com*

MÄRKTE
Zu den noch nicht überlaufenen Märkten gehört der *Hang-Da-Markt* [132 C3] in der Altstadt nahe der St.-Josephs-Kathedrale. Im 2. Stock gibt

HANOI

es z. B. sehr preiswerte Kleidung (Handeln nicht vergessen!).

Auf dem riesigen *Dong-Xuan-Markt* [132 C2] können Sie Hüte, Obst, Gemüse und vieles mehr erstehen – und das auch bis Mitternacht.

■ ÜBERNACHTEN

AN SINH [133 D3]
Sehr preisgünstiges Minihotel an der „Rucksackmeile" Hang Be, mit sauberen Zimmern. *5 Zi., 1 Schlafsaal | 49 Hang Be | Tel. 04/824 22 29 | me moryvn@fpt.vn | €*

Insider Tipp CLASSIC STREET HOTEL [133 D3]
Schlicht-moderne, geräumige Zimmer mit Dusche und/oder Badewanne, Minibar, Satelliten-TV, Ventilator oder Aircondition. Familiäre Atmosphäre. Ein echtes Glanzlicht für diesen Preis inklusive Frühstück. *15 Zi. | 41 Hang Be | Tel. 04/825 24 21 | Fax 926 05 16 | www.classicstreet-phocohotel.com.vn | www.classicstreethotel.com.vn | €*

HONG NGOC [132 C4]
Herberge der bekannten Minihotelkette, mit großen, gut ausgestatteten Zimmern (teils Safe, Balkon), Tourschalter, nahe dem Hoan-Kiem-See. *50 Zi. | 34 Hang Manh und 39 Hang Bac | Tel. 04/828 50 53 | Fax 828 50 54 | www.hongngochotel.com | €–€€*

HUYEN TRANG [133 D3]
Hübsches Minihotel. Wer eines der besseren Zimmer (z. B. Nr. 306) bucht, genießt einen vortrefflichen Blick ins Altstadtgewimmel. *36 Zi. | 36 Hang Trong | Tel. 04/826 84 80 | Fax 824 74 49 | www.vietnamstay.com/hotel/huyentrang | €–€€*

LUCKY 2 HOTEL [132 C3]
In vietnamesischem Stil möblierte Zimmer (Satelliten-TV, Telefon), zwei Restaurants und Bar im 3. Stock. *40 Zi. | 46 Hang Hom | Tel. 04/928 81 70 | Fax 928 81 72 | www.luckyhotels.com.vn | €€*

Das Wasserpuppentheater: beste Unterhaltung seit über tausend Jahren

HANOI UND DER NORDEN

MELIÁ HANOI [132 C4]
Zentral gelegenes Hochhaushotel der spanischen Luxuskette mit himmelweiter Lobby. Salsaclub, Pool, Sauna, Tennisplatz und Hubschrauberlandeplatz. *306 Zi. | 44 B Ly Thuong Kiet | Tel. 04/934 33 43 | Fax 934 33 44 | Tel. in Deutschland 01802/12 17 23 | www.meliahanoi.solmelia.com | €€–€€€*

SOFITEL METROPOLE [133 D4]
Das beste Haus am Platz. Wer den Charme der Kolonialzeit genießen möchte, sollte im renovierten alten Flügel nächtigen. Der 1996 eröffnete *Opera Wing* ist zwar komfortabler, hat aber weniger Flair. *244 Zi. | 15 Ngo Quyen | Tel. 04/826 69 19 | Fax 826 69 20 | www.sofitel.com | €€€*

■ FREIZEIT & SPORT

KING'S ISLAND GOLF RESORT & COUNTRY CLUB [127 D3]
36-Loch-Platz ca. 35 km westlich am kristallklaren Dong-Mo-Stausee am Fuß des Ba-Vi-Bergs. Das Hotel *Dong Mo (Son Tay Village) | Tel. 034/68 63 73 | Fax 68 63 72 | www.kingslandgolf.com | €€€)* bietet exklusive Unterkünfte.

■ AM ABEND

BOBBY CHINN ▶▶ [133 D4]
Angesagtes Multikulti-Establissement: Arabisches Flair mit Wasserpfeifen, gute Cocktails, Riesenauswahl an Weinen, australische Barkeeper und DJs aller Welt. Preisgekrönter und preiswerter Nachtclub mit Lokal und Livebands. *1 Ba Trieu (südwestliche Ecke des Hoan-Kiem-Sees) | Tel. 04/934 85 77 | www.bobbychinn.com | tgl. 11 Uhr bis Mitternacht*

DISKOTHEKEN
Die Szene mischt sich im ▶▶ *Club Q. (360 Kim Ma)* [132 A3] des Daewoo Hotels unter die westlichen und japanischen Gäste. Salsa oder Merengue von lateinamerikanischen Livebands gibt es im *Latino-Club (44 B Ly Thuong Kiet | Tel. 04/934 33 43)* [132 C4] im Meliá Hotel.

JAZZCLUB MINH'S [133 D3]
Barbesitzer Minh unterricht Saxofon am Konservatorium in Hanoi – hier darf man sich auf feinsten Livejazz freuen (tgl. 20.30–23 Uhr). *31–33 Luong Van Can | Tel. 04/828 78 90 | www.minhjazzvietnam.com*

OPERNHAUS [133 E4]
Auf dem Programm stehen klassische Konzerte, Theateraufführungen (oft in Vietnamesisch) und Tanzdarbietungen. Spielplan z. B. in „Vietnam News". *Karten ab 3 Euro | Nha Hat Lon, 1 Trang Tien | Tel. Oper 04/825 43 12, Theater 04/933 01 31*

SPOTTED COW [133 D5]
Hier gibt's das beste Bier der Stadt. Ab 21 Uhr proppenvoll! *23 C Hai Ba Trung | Tel. 04/824 10 28*

WASSERPUPPENTHEATER [133 D3] *Insider Tipp*
Elf Spieler bewegen die Puppen zur Musik von Holzflöten, Gongs, Trommeln und der einsaitigen Kastenzither *dan bau*. Auch wenn man die Sprache nicht beherrscht, begreift man die Szenen recht schnell. Man sieht den Kampf eines Fischers mit seiner Beute, hört den Reis wachsen, erlebt die rasante Entenjagd eines Jaguars mit, begegnet Feuer speienden Drachen. Die Vorstellungen dauern

HANOI

eine gute Stunde. *Kim-Dong-Wasserpuppentheater (Thang-Long-Ensemble) | 57 Dinh Tien Doang | Tel. 04/824 94 94 | www.thanglongwaterpuppet.org | tgl. 16, 18 und 20 Uhr, je nach Nachfrage auch ca. 17 und 21 Uhr | Eintritt 1–2 Euro (Karten besser frühzeitig kaufen) | außerdem im Hanoi Water Park (614 Lac Long Can, West Lake)* [0] *und gelegentlich im Ethnologischen Museum*

■ AUSKUNFT

Asiatica Travel | Suite A 1203 (Gebäude M3–M4), 91 Nguyen Chi Thanh | Tel. 04/266 28 16 | Fax 266 28 18 | www.asiaticatravel.com [0]

Ocean Tours | 22 Hang Bac | Tel. 04/926 04 63 | Fax 926 05 02 | www.oceantoursvietnam.com. Zuverlässiger Veranstalter für Touren in den Norden. [133 D3]

Todeco | 91A/5 Ly Nam De | Tel. 04/823 57 67 | Tel./Fax 747 23 33 | www.todeco-vn.com. Individuelle Reisen, deutschsprachige Reiseleitung. [132 C2–3]

■ ZIELE IN DER UMGEBUNG

CHUA THAY UND
CHUA TAY PHUONG ★ [127 D3]

Inmitten einer fruchtbaren, ursprünglichen Reislandschaft, ca. 40 km westlich von Hanoi, liegen – nur wenige Kilometer voneinander entfernt – diese beiden wunderschönen Pagoden *(Eintritt jeweils 0,50 Euro)*.

Die ☸ Tay-Phuong-Pagode nahe dem Dorf Thach Xa liegt auf einem 50 m hohen Hügel, auf den rund 260 Stufen hinaufführen. Der Lohn für den Aufstieg sind nicht nur der schöne Ausblick und der Anblick der drei Gebäude aus Eisenholz mit geschwungenen Dächern, die mit allerlei Drachen und den Fabeltieren Einhorn und Phönix sowie mit Schildkröten verziert sind. Sie bekommen auch die wertvollen Statuen der 18 La Han oder „Erleuchteten" zu sehen: 62 filigrane Figuren, meisterhaft geschnitzt aus dem beständigen Holz des Jackfruitbaums.

Idyllisch liegt Chua Thay, die von Tempeln und Pavillons gesäumte „Pagode des Meisters", am Long-Tri-See nahe beim Dorf Sai Son zu Füßen eines Kalkbergs. Sie ist dem Wunderheiler und Zauberer Tu Dao gewidmet, der sich im 12. Jh. auf den Berg zurückzog, um zu meditieren und dann die Lehre Buddhas zu verbreiten. Tu Dao gilt auch als Schutzpatron der Wasserpuppenspieler.

CUC-PHUONG-NATIONALPARK [127 D4]

Der ca. 135 km südwestlich von Hanoi gelegene, knapp 250 km^2 umfassende Cuc Phuong ist der größte Dschungelpark Vietnams. Hier gibt es 1000 Jahre alte Baumriesen, zudem Fasane, Wildhühner und Eichhörnchen sowie über 320 Vogelarten und zahllose Schmetterlinge. Bis zu 600 m hoch ragen die Felsen empor. Insgesamt zehn Trekkingrouten führen durch dieses einzigartige Urwaldgebiet. Hier wurde 1987 der für ausgestorben gehaltene Delacour-Langur wiederentdeckt, der jetzt in einem kleinen *Affenzentrum (Endangered Primate Rescue Center | tgl. 9–11 und 13.30–16 Uhr | Eintritt 0,50 Euro | www.primatecenter.org)* gezüchtet wird. Im Park befinden sich Hotels, Bungalows, ein Campingplatz und Restaurants (an Wochenenden voll!). Beste Zeiten für ei-

> www.marcopolo.de/vietnam

HANOI UND DER NORDEN

Der Delacour-Langur begrüßt Besucher im Cuc-Phuong-Nationalpark

nen Besuch: Oktober bis Dezember und März/April. *Tel. 030/84 80 06 | dulichcucphuong@hn.vnn.vn | Eintritt ca. 2 Euro | Infos auf Deutsch: www.wgfa.de/projekte/cpnp.html*

HOA BINH UND
HUONG TICH SON [127 D3–4]

Der unscheinbaren Provinzhauptstadt Hoa Binh (am Fluss Song Da und dem Stausee Ho Song Da) ca. 75 km südwestlich von Hanoi merkt man nicht an, dass sich ganz in ihrer Nähe eine der wichtigsten Wallfahrtsstätten des Landes, die *Parfümpagode (Chua Huong)*, befindet. Die meisten (einheimischen) Touristen kommen hierher, um eines der Dörfer des Muong-Bergvolks, z. B. *Ban Dam* oder *Giang*, zu sehen und über die kunstvollen Langhäuser auf Pfählen zu staunen. Auch im *Mai-Chau-Tal* der Weißen und Schwarzen Thai kann man den Bergvölkern einen Besuch abstatten (am besten mit einem Guide, Kosten bis 10 Euro).

Im ★ *Huong Tich Son* (Berg der duftenden Spuren), inmitten der prachtvollen Karstlandschaft, liegt die *Huong-Tich-Höhle* – sie birgt die berühmte Parfümpagode. Die Pagode, errichtet zu Ehren der Göttin der Barmherzigkeit Quan Am, ist auf einer Bootsfahrt zu erreichen (am besten als Tagestour von Hanoi aus, Kosten ab ca. 10 Euro). Die Tempel und Schreine ziehen vor allem zu Neujahrsfesten, im März und April sowie an Wochenenden Tausende Pilger an. Eine moderne Seilbahn bringt die Besucher zur Tempelgrotte auf dem Berg – die Alternative zu dem anstrengenden, etwa zweistündigen Aufstieg (mit festen Schuhen!).

TROCKENE
HA-LONG-BUCHT ★ [127 D4]

Aus dem dunklen Grün der Umgebung ragen bewaldete Kegel, Felsspitzen und Bergrücken abrupt und scheinbar ohne Sockel empor: Kein Wunder, dass sich diese sagenhafte,

HANOI

rund 90 km südlich von Hanoi gelegene Turmkarstlandschaft schnell zu einer touristischen Attraktion entwickelte. Die im Lauf von Jahrmillionen entstandenen Kalksteinformationen nehmen es an Schönheit mit der Ha-Long-Bucht auf – mit dem Unterschied, dass das Wasser fehlt. Im Herzen der spektakulären Landschaft liegt die Provinzhauptstadt *Ninh Binh.* Früher glich sie trotz ihrer 53 000 Einwohner eher einem beschaulichen Dorf. Das hat sich geändert, seit vor allem Individualreisende die Gegend entdeckt haben. Besonders beliebt ist der kleine Ort *Tam Coc,* 10 km westlich von Ninh Binh, wo die Boote für Touren ablegen. Große, gut ausgestattete (Mehrbett-)Zimmer und ein riesiges Lokal bietet das mehrstöckige *Anh Dzung Hotel (10 Zi. | Tam Coc, gegenüber der Eintrittskasse | Tel. 030/61 80 20 | Fax 61 80 37 | anhdzung_tamcoc@yahoo.com | €).* Das *The Long Hotel (10 Zi. | Tam Coc | Tel. 030/61 80 77 | Fax 61 81 33 | €)* hat eine Terrasse und ein großes Restaurant. *Auskunft in den Hotels und am Eingangstor in Tam Coc (Eintritt 2,75 Euro)*

> BÜCHER & FILME
Geschichten von Liebe, Alltag und Krieg

> **Das schwarze Pulver von Meister Hou** – Ein neuer Kriminalroman der Schwestern Tran-Nhut: Mandarin Tan muss geisterhafte Fälle lösen – eine spannende Zeitreise ins 17. Jh.

> **Sonntagsmenü** – In ironisch-kritischen Geschichten aus der Sicht einer jungen Vietnamesin erzählt die Literaturpreisträgerin Pham Thi Hoai vom Alltag in Hanoi.

> **Das Mädchen hinter dem Foto** – Spannende Beschreibung des Lebens der napalmverbrannten Kim Phuc, des Kriegs und der schweren Zeit danach. Denise Chong schildert die Obszönität der Arbeit von Kriegsreportern – und ihre Notwendigkeit.

> **Der Liebhaber** – Roman der französischen Schriftstellerin Marguerite Duras, die im damaligen Indochina geboren wurde. Verfilmt von Jean-Jacques Annaud als Erotikstory einer 15-jährigen Französin und eines älteren, reichen Vietnamesen.

> **Der stille Amerikaner** – Jüngste Verfilmung des Literaturklassikers von Graham Greene (mit Michael Caine, Regie: Phillip Noyce). Während des Indochinakriegs konkurriert der britische Korrespondent Thomas Fowler mit einem mysteriösen Amerikaner um seine schöne Geliebte Phuong. Teils in Hoi An gedreht.

> **Good morning Vietnam** – Eine Komödie über den Vietnamkrieg? Der Film stellt die Absurdität des Kriegs dar. In der Hauptrolle: Robin Williams als DJ bei einem amerikanischen Militärsender in Saigon; Regisseur: Barry Levinson.

> **Apocalypse Now** – Oskargekröntes Meisterwerk über den Vietnamkrieg, gedreht auf den Philippinen und bis dahin teuerster Film (Regie: Francis Ford Coppola). Unvergessen: Marlon Brando als durchgeknallter Colonel Kurtz und selbst ernannter Dschungelherrscher.

HANOI UND DER NORDEN

SA PA

[126 B2] ★ Sa Pa wurde von den Franzosen vor rund 100 Jahren als Luftkurort mit Militärsanatorium ausgebaut. Hübsche Villen, burgähnliche Landhäuser und eine Kirche zeugen von der Kolonialepoche. Obwohl Sa Pa (38 000 Ew.) so abgelegen und der kälteste und nebligste Ort in Vietnam ist (beste Reisezeit: September bis November), hat es sich zu einem trubeligen und an Wochenenden regelrecht überlaufenen Touristenort entwickelt.

Das Städtchen verteilt sich in hügeliger Lage auf einer Höhe von 1560 m zu Füßen des oft von Wolken verhüllten Berges Fan Si Pan (Phan Si Pang) und der Alpenkulisse der Hoang-Lien-Son-Bergkette. Attraktionen sind vor allem die herrliche Berglandschaft und die Bergvölker mit ihren bunten Trachten. Zu den Traditionen der Bergvölker gehören das Bauen von Pfahlhäusern, der Glaube an Naturgeister, das Betelnusskauen, das Schwärzen der Zähne und das Rasieren der Augenbrauen. Nicht alle tragen heute noch ihre farbenprächtigen, bestickten Trachten und den schweren Silberschmuck – meist nur noch die Frauen, oft nur an Festtagen und auf dem Wochenendmarkt.

Nach Lao Cai (37 km nordöstlich von Sa Pa) kann man auf der 1922 verlegten Bahnlinie anreisen, z. B. mit dem eleganten *Victoria Express* (Fahrzeit 8–9 Stunden | Rückfahrticket ab ca. 87 Euro | www.victoria hotels-asia.com). Es verkehren auch tägliche normale Züge; weiter nach Sa Pa fahren öffentliche Busse oder Touristenbusse.

Der „Silberwasserfall" Thac Bac

■ SEHENSWERTES

BERGDÖRFER UND WASSERFÄLLE

Einfache Wanderungen über Hängebrücken und durch terrassierte Reisfelder führen ins Umland, z. B. zu dem in einem Bambuswald herabrauschenden *Cat-Cat-Wasserfall* (ca. 3 km westlich) und zum „Silberwasserfall" *Thac Bac* (ca. 10 km westlich), der aus etwa 100 m Höhe in drei Absätzen herabfällt. Auf den Wanderungen durchquert man die Dörfer der Bergvölker, wo man auch

SA PA

übernachten kann – z. B. in *Ta Phin* (Dorf der Roten Dao) –, oder man spaziert durch das schöne Ta-Van-Flusstal bis ins Dorf *Ta Van*. Im nahe gelegenen und daher viel besuchten Dorf *Cat Cat* kann man den Hmong-Frauen beim Weben und Sticken über die Schultern schauen. Blaue Röcke und turbanartige Kopfbedeckung sind charakteristisch für die Hmong-Kleidung, die noch selbst hergestellt und mit Indigo gefärbt wird.

MÄRKTE

Der *Wochenendmarkt* zieht jeden Samstag unzählige Besucher an. Doch auch während der Woche findet dieser Markt mit den Angehörigen der Bergvölker statt, wenn auch etwas kleiner und weniger voll. Und auch in der Umgebung gibt es an anderen Tagen ebenso bunte Märkte. Vorwiegend Frauen und junge Mädchen der Schwarzen Hmong tummeln sich Tag für Tag in den Straßen und Gassen von Sa Pa und versuchen, ihre handgestickten Waren an die Touristen zu verkaufen – mit sehr geschäftstüchtiger Taktik und sehr gutem Englisch und Französisch.

ESSEN & TRINKEN

THE GECKO ▶▶

Nette kleine Bar. Terrasse zur Straße, drinnen gemütliche Sofaecken, hinten großes Restaurant *La Petite Bouffe* unter französischer Leitung. Auch fünf preiswerte Zimmer mit Bad. *Ham Rong | Tel. 020/87 15 04 | €*

MIMOSA

Etwas versteckt oberhalb einer Treppe an der Hauptstraße: Seafood oder Wildschwein, Pasta oder Pizza, vietnamesisch oder vegetarisch. Zum Frühstück gibt's sogar Nutella! *Cau May | Tel. 020/87 13 77 | €*

TOP MOUNTAIN VIEW BAR ☼

Tolles Panorama im 4. Stock des Chaulong Sapa Hotels bei guter Auswahl an Getränken und Cocktails. *24 Dong Loi | €€*

ÜBERNACHTEN

BAGUETTE & CHOCOLAT

Insider Tip

Übernachten in vier winzigen, sehr schönen Zimmern kann man in diesem Gästehaus, einem Hilfsprojekt für Kinder. Gemütliches Lokal mit Kamin. *Thac Bac | Tel. 020/87 17 66 | www.hoasuaschool.com | € – €€*

BAMBOO SAPA ☼

Komfortable Zimmer (teils mit Balkon und Deko-Kamin inklusive Bergpanorama) bietet das dreistöckige Hotel. Gutes Reisebüro. *45 Zi. | Cau May | Tel. 020/87 10 75 | Fax 87 19 45 | www.sapatravel.com | €€*

ATI SAPA ROSE VALLEY RESORT ☼

Geräumige Häuschen auf Stelzen am Hang, mit herrlicher Aussicht, gleich am Ortseingang. Die Zimmer sind einfach und ruhig (Satelliten-TV, teils Badewanne). *27 Zi. | Muong Hoa | Tel. 020/87 10 56 | Fax 87 22 35 | www.atiresorts.com | €€*

VICTORIA SAPA ☼ ☼

Das beste First-Class-Hotel, im rustikalen Chaletstil, am Stadtrand. Behagliche Zimmer, teils mit Himmelbett und Balkon. Tennisplatz, Badminton, beheizter Innenpool. *76 Zi. | Tel. 020/87 15 22 | Fax 87 15 39 | www.victoriahotels-asia.com | €€€*

> www.marcopolo.de/vietnam

HANOI UND DER NORDEN

FREIZEIT & SPORT

Der mit 3143 m höchste Berg in Vietnam, der *Fan Si Pan* (Phan Si Pang), gilt als das „Dach Indochinas". Er liegt im Norden des *Hoang-Lien-Son-Naturreservats,* das vor allem für seinen Vogelreichtum bekannt ist. Trekkingurlauber können den Gipfel auf drei- bis fünftägigen Touren erobern, was jedoch wegen der teils überwucherten Wege über morsche Bambusbrücken und des feuchtkalten Klimas nur erfahrenen Bergsteigern und nur mit Träger und Zeltausrüstung zu empfehlen ist. Die besten Zeiten für den Aufstieg auf dem 14 km langen und stellenweise sehr steilen Pfad sind Mitte Oktober bis Mitte November und Ende Februar/März bis April, wenn Orchideen und Rhododendren blühen (Info: *www.sapatravel.com*).

AUSKUNFT

Sapa Tourism | 28 Cau May | Sa Pa | Tel. 020/87 19 75 | sapatourism@hn.vnn.vn

ZIEL IN DER UMGEBUNG

BAC HA [126 C1]

Der kleine Ort (3000 Ew.) liegt in 900 m Höhe, etwa 100 km nordöstlich von Sa Pa. Die Gegend ist für ihre *Tam-Hoa*-Pflaumen bekannt: Im Frühling bedecken die weißen Blüten der Obstbäume die Landschaft. Ein besonders bunter *Markt,* ein Farbenmeer aus Grün, Blau, Rot und Violett, zieht hier sonntags die Touristen an. Mittlerweile sollen es sogar mehr Besucher als in Sa Pa sein. Alle wollen die „Blumen-Hmong" *(Hmong Hoa)* sehen und fotografieren, die wegen ihrer farbenprächtigen Kleidung mit Blumenmotiven so genannt werden.

Grün, blau, rot, violett: traditionelle Kleidung auf dem Markt von Bac Ha

> KAISERLICHE PRACHT, EWIGER FRÜHLING

Der Kaiserpalast von Hue, weiße Strände und die Altstadt von Hoi An: die Vielfalt Mittelvietnams

> Bei Quynh Luu wandelt sich die Landschaft: Die ersten Berge am Horizont unterbrechen bald die Ebene rund um Hanoi. Das Truong-Son-Gebirge ist der erste Teil des Hochlands, das sich für die nächsten 1000 km entlang der Küste als ständiger Begleiter hinzugesellt. Hier, im nördlichen Teil Zentralvietnams, lernt man die ärmste Region des Landes kennen, die unter den Bombardements der US-Truppen besonders gelitten hat.

Bild: Grabmal des Kaisers Khai Dinh bei Hue

In Hue, der alten Kaiserstadt am Parfümfluss, kann man sich gar nicht satt sehen an den filigranen Drachenornamenten der „Halle der höchsten Harmonie". Nicht sehr weit ist es nach My Son: Rund 70 – großteils beschädigte – Tempel umfasst diese verfallene Kultstätte, errichtet von den Baumeistern und Königen der Cham in der Zeit vom 4. bis zum 13. Jh. Südlich schließt eine der bei Touristen beliebtesten Regionen Viet-

HUE UND DIE MITTE

nams an: Die Stadt Da Nang ist berühmt für ihre Strände, wie etwa den China Beach, und kaum jemand kann sich dem Charme der kleinen Hafenstadt Hoi An entziehen.

An der Grenze zu Südvietnam weitet sich das Hochland nach Westen aus. Als letzter Außenposten Mittelvietnams ist Da Lat dank seiner Lage auf der Höhe von 1500 m eine „Stadt des ewigen Frühlings", die sich bei vor allem bei Hochzeitspaaren, aber auch bei Golftouristen aus Saigon großer Beliebtheit erfreut.

BUON MA THUOT

[131 E1] Es ist der 200 000-Einwohner-Stadt anzumerken, dass sie 1910 aus einem französischen Militärposten entstand. Rund um das ziemlich eindeutig auszumachende Zentrum scharen

BUON MA THUOT

sich die rechtwinklig angelegten Straßen. Aus den Tagen, als die Franzosen hier im kühlen Hochland, gut 500 m über Meereshöhe, ihren Sommerurlaub verbrachten, haben sich hübsche alte Villen erhalten. Buon Ma Thuot ist die Provinzhauptstadt von Dak Lak und für den besten Kaffee des Landes berühmt.

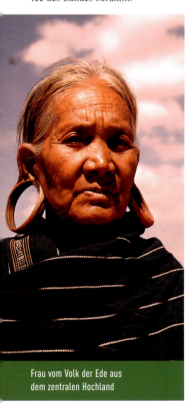

Frau vom Volk der Ede aus dem zentralen Hochland

■ SEHENSWERTES
ETHNOLOGISCHES MUSEUM
Wer sich für die Bergvölker der Ede, Hmong oder Muong interessiert, bekommt in diesem Museum (Bao Tang Tinh) gute Informationen. Es werden traditionelle Kostüme, Handwerksgeräte, Jagdwaffen und Fischereibedarf gezeigt. *Di–Sa 7–11.30, 13.30–17 Uhr | Eintritt 0,50 Euro | 4 Nguyen Du / Ecke Le Duan*

■ ESSEN & TRINKEN
BON TRIEU RESTAURANT
Haben Sie Lust auf ein köstliches *bon bay mon*, hauchdünnes Rindfleisch in süßsauren Saucen? Dann sind Sie hier richtig. *33 Hai Ba Trung | kein Tel. | €€*

■ EINKAUFEN
THAN BAO COFFEE SALES *Insi Tip*
Es gibt in Buon Ma Thuot sehr guten und vergleichsweise günstigen Kaffee zu kaufen. Hier können Sie ganze Bohnen erstehen oder den Kaffee gleich mahlen lassen. *Hoang Dieu*

■ ÜBERNACHTEN
THANG LOI HOTEL
Von den komfortablen Zimmern blickt man auf das Siegerdenkmal – Thang Loi bedeutet „Sieg". *40 Zi. | 1 Phan Chu Trinh | Tel. 050/85 76 15 | Fax 85 23 22 | thangloihotelbmt@dng.vnn.vn | €€*

■ AUSKUNFT
Dak Lak Tourist | 3 Phan Chu Trinh | Tel. 050/85 21 08 | Fax 85 28 65 | www.daklaktourist.com.vn

■ ZIELE IN DER UMGEBUNG
Die Provinz von Dak Lak war bis zum Zweiten Weltkrieg Jagdrevier der Kaiser von Hue – kein Wunder, denn die Gegend ist so reich an Wild wie kaum ein anderer Landstrich Vi-

> *www.marcopolo.de/vietnam*

HUE UND DIE MITTE

etnams. Zudem gibt es hier viele Gewässer: 27 km südwestlich von Buon Ma Thuot donnern, vor allem nach starken Gewittern, die Kaskaden der *Drai-Sap-Wasserfälle* [131 E1] inmitten eines Regenwalds in die Tiefe. In *Buon Tua* (auch: Bon Tur) können Sie Angehörige der Ede-Minderheit kennenlernen. Bei diesem Bergvolk, das auch Rhade genannt wird, sind die Mütter die Familienoberhäupter. Die Clans leben in Langhäusern.

Der fischreiche *Lak-See* [131 E2] liegt ca. 50 km südlich von Buon Ma Thuot. Hier finden Störche, Kraniche und Enten ideale Lebensbedingungen vor. Vom Muong-Dorf *Buon Jun* (auch: Ban Jun) aus können Sie Elefantenritte unternehmen – ein besonderes Erlebnis für Reisende mit Kindern. Auch im Elefantendorf *Ban Don* [131 E1], ca. 45 km nordwestlich von Buon Ma Thuot, können Sie Ausritte buchen (ca. 25 bis 30 Euro pro Stunde, Info und Buchung: *Dak Lak Tourist* in Buon Ma Thuot). In Ban Don fangen Clans der Muong-Minderheit noch heute Elefanten, die gezähmt und beim Holztransport eingesetzt werden.

DA LAT

[131 E2] ★ **Vom Lieblingsort heimwehgeplagter Europäer zum Touristen-Hotspot und Reiseziel frisch vermählter Vietnamesen – so lässt sich die Entwicklung des heute 190 000 Einwohner zählenden Da Lat beschreiben.** Letzteres mag daran liegen, dass für die jungen Vietnamesen die vielen Seen, Wasserfälle und Wälder den Inbegriff von Romantik darstellen. Wenn dann noch im Frühjahr, nach dem Tet-Fest, die Kirschbäume in üppigem Rosa blühen, ist das Erlebnis geradezu perfekt – obwohl hier oft Regen fällt. Ein gutes Jahrhundert ist vergangen, seit der Arzt Alexandre Yersin 1897 in dem 1475 m hoch gelegenen Ort ein Sanatorium gründete. Noch einmal 15 Jahre dauerte es, bis sich die ersten

MARCO POLO HIGHLIGHTS

★ **Da Lat**
Die Stadt der Liebenden hat kolonialen Charme (Seite 57)

★ **Türme von Po Klong Garai**
Vollendete Tempelbaukunst der Cham (Seite 59)

★ **Cham-Museum**
Zeugnisse einer alten Kultur in Da Nang (Seite 61)

★ **Marmorberge**
Geheimnisvolle Grotten und Pagoden, Räucherstäbchen und Souvenirs – und ein prachtvoller Rundblick vom Berg Thuy Son (Seite 62)

★ **My Son**
Versunkene Tempelstadt der Cham (Seite 63)

★ **Hoi An**
Malerische Straßenzeilen und viel mediterraner Charme (Seite 64)

★ **Zitadelle Hue**
Am Parfümfluss: Glanz und Pracht der einstigen Herrscher Vietnams (Seite 70)

DA LAT

Europäer ansiedelten. Die koloniale Hautevolee logierte während der heißen Sommermonate im mondänen Palace Hotel. Jene, die es sich leisten konnten, so auch der letzte vietnamesische Kaiser Bao Dai, ließen Villen in den Pinienwäldern oberhalb des Xuan-Huong-Stausees bauen. Zu den beliebtesten Freizeitbeschäftigungen gehörte die Tiger- und Elefantenjagd in den damals noch dichten Wäldern.

■ SEHENSWERTES

CHUA THIEN VUONG
Die drei gelben Holzgebäude der Pagode, die 1958 von Chaozhou-Chinesen errichtet wurde, stehen auf einem Hügel und sind von Pinienwald umgeben. Bemerkenswert sind drei ca. 4 m hohe Buddhastatuen, die Stiftung eines britischen Buddhisten aus Hongkong. Sie sind aus vergoldetem Sandelholz gefertigt, ihr Gewicht beträgt jeweils rund 1400 kg. *Ca. 5 km südöstlich des Zentrums, erreichbar via Khe-San-Straße*

SOMMERPALAST (DINH 3)
In der ab 1933 erbauten, gelbbraunen Villa mit etwa 25 Räumen wird an Bao Dai, den letzte Kaiser Vietnams, erinnert. Er regierte von 1926 bis 1945. Zu sehen sind die kaiserlichen Wohnräume und viele private Fotos. *Tgl. 7–11, 13.30–16 Uhr | Eintritt 0,25 Euro | 2 Le Hong Phong*

■ ESSEN & TRINKEN

PHUONG HOANG
In diesem Minirestaurant gibt es köstliche vietnamesische Spezialitäten, z. B. mariniertes Fleisch, das am Tisch gegrillt wird. *81 Duong Phan Dinh Phung | kein Tel. | €*

THUY TA RESTAURANT
Das Restaurant liegt erstklassig: auf Stelzen inmitten des Xuan-Huong-Sees. Vor allem an sonnigen Nachmittagen lässt sich der schöne Blick genießen. *1 Yersin | Tel. 063/82 22 88 | €€€*

■ ÜBERNACHTEN

ANA MANDARA VILLAS DALAT & SPA
Herrlich restaurierte Kolonialvillen mit elegantem Mobiliar und Dekor, beheizter Pool, Weinkeller, exklusives Restaurant. *57 Zi. | Le Lai | Tel. 063/55 58 88 | Fax 55 56 66 | Tel. in Deutschland 06102/79 96 80 | www.sixsenses.com/evason-dalat | €€€*

GOLF 3
Wer sich in den oberen Etagen des neuen, siebenstöckigen Hauses einmietet, hat einen ausgezeichneten Blick über die Stadt. Im Keller gibt's eine Disko. *78 Zi. | 4 Nguyen Thi Minh Khai | Tel. 063/82 60 42 | Fax 83 03 96 | www.golfhotel.vnn.vn | €€*

SOFITEL DALAT PALACE
Die Grandezza der 1920er-Jahre ist nach der Renovierung wieder lebendig – Luxus und Nostalgie sind hier vereint. Schön ist der Blick auf den Xuan-Huong-Stausee. *43 Zi. | 12 Tran Phu | Tel. 063/82 54 44 | Fax 82 56 66 | www.accorhotels-asia.com | €€€*

■ FREIZEIT & SPORT

BIKEN, TREKKING, FUNSPORT
Die wunderbare Gegend und das angenehme Klima verlocken zu sportlichen Abenteuern rund um Da Lat: Fahrradtouren (pro Tag ca. 2 Euro), eine Eroberung des *Lang-Bian-*

> *www.marcopolo.de/vietnam*

HUE UND DIE MITTE

Bergs zu Fuß – mit Abstechern zu den Dörfern der Lat – sowie mehrtägige Trekkingtouren, Abseiling, Paragliding und Canyoning sind hier möglich. Doch Vorsicht: Outdoor-Ausrüstung und Mountainbikes sollten vorher geprüft werden. Empfehlenswerter Veranstalter: *Phat Tire Ventures | 73 Truong Cong Dinh | Tel. 063/82 94 22 | Fax 82 03 31 | mobil 09 18 43 87 81 | www.phattireventures.com.*

DA LAT PALACE GOLF CLUB

Der 18-Loch-Platz und die wunderschöne Hügellandschaft ziehen sogar Turnierspieler aus aller Welt an. *Phu Dong Thien Vuong | Tel. 063/82 12 02 und 82 35 07 | Fax 82 43 25 | www.vietnamgolfresorts.com | Greenfee-Package ab ca. 72 Euro wochentags mit Hotelübernachtung*

AUSKUNFT

Da Lat Tourist | 10 Quang Trung | Tel. 063/81 03 24 und 1 Nguyen Thi Minh Khai | Tel. 063/82 25 20 | Fax 81 03 63 | www.dalattourist.com.vn

ZIELE IN DER UMGEBUNG

TÜRME VON PO KLONG GARAI ★ [131 F3]

Stachelige Kakteen säumen die vier massigen Cham-Türme von Po Klong Garai, die ca. 65 km südöstlich von Da Lat an der Nationalstraße 20 nach Phan Rang stehen. Der Besuch lohnt besonders im September/Oktober, wenn die Cham anlässlich ihres Neujahrsfestes auf dem Gelände traditionelle Lieder und Tänze aufführen. Der gute Zustand der Gebäude überrascht, wurde der Tempel doch im 13./14. Jh. während der Regentschaft von König Simha-

Hohe Schule der Cham-Architektur: die Türme von Po Klong Garai

DA NANG

varman III. erbaut. Man betritt die Tempelanlage durch ein schön verziertes Tor, das in der Mitte der Umfassungsmauer platziert wurde. Im Inneren des Tempelturms befindet sich ein Mukhalingam, ein stilisierter Phallus, als Symbol Shivas. *Tgl. 7.30–18 Uhr | Eintritt ca. 0,25 Euro*

WASSERFÄLLE [131 E2]

Vom einstigen Bahnhof Da Lats, ca. 500 m östlich des Xuan-Huong-Sees, fährt mehrmals täglich (morgens und mittags) eine alte Eisenbahn zur Linh-Phuoc-Pagode im Ort *Trai Mat*. Von dort kann man auf einem ca. 7 km langen ausgeschilderten Weg zum schönen *Tiger-Wasserfall (Thac Hang Cop | Eintritt 0,25 Euro)* spazieren, wo eine Tigerstatue die Besucher erwartet.

In der Regenzeit beeindruckender sind die beiden Wasserfälle *Prenn (an der N 20, ca. 10 km von Da Lat)* und *Lien Khuong (N 20, ca. 30 km Richtung Saigon)*.

DA NANG

[129 E3] Auf der Strecke von Hue nach Da Nang tritt nach der Überwindung des Wolkenpasses (Deo Hai Van) ein spürbarer Klimawechsel ein. Wärmere und trockenere Luft begleitet die Abwärtsfahrt vom Bach-Ma-Berg (Berg des weißen Pferdes) zur malerischen Küste. Bald ist Da Nang erreicht, die rasch wachsende, rund 1,1 Mio. Einwohner zählende Provinzhauptstadt. Wegen seiner günstigen Lage an der Mündung des Han-Flusses besaß Da Nang immer schon einen wichtigen Hafen. Hier landeten im 17. Jh. die Spanier und im 19. Jh. die Franzosen. Später besetzten die Amerikaner die Stadt und errichteten hier einen ihrer größten Luftwaffenstützpunkte in Südostasien. Trotz der Zerstörungen des Krieges hat Da Nang auch eine schöne, von hohen alten Bäumen gesäumte Promenade, an der repräsentative Villen aus der französischen Kolonialzeit stehen. Sie erstrahlen heute zum Teil in neuem Glanz. Der China Beach ist bekannt für seine hohen Wellen – die amerikanischen Soldaten nutzten hier während des Vietnamkriegs die Zeit ihrer Kurzurlaube zum Surfen.

Sandsteinrelief aus der Sammlung des Cham-Museums in Da Nang

> *www.marcopolo.de/vietnam*

HUE UND DIE MITTE

SEHENSWERTES

CAO-DAI-TEMPEL
Sehenswert ist Vietnams zweitgrößter Cao-Dai-Tempel. Der Zugang ist streng nach Geschlechtern getrennt – die Frauen treten links, die Männer rechts ins Heiligtum ein, Priester dürfen das mittlere Tor benutzen. Hinter dem Altar beobachtet das „göttliche Auge" aus einer riesigen Glaskugel die Betenden. *In Bahnhofsnähe an der Hai Phong | Gottesdienste finden tgl. um 6, 12, 18 und 24 Uhr statt*

CHAM-MUSEUM ⭐
Schon 1915 wurde es von den Franzosen gegründet, dieses kleine, aber feine Cham-Museum (Bao Tang Cham), das die beste Sammlung von Sandsteinarbeiten der Cham weltweit beherbergt. Mindestens zwei Stunden Zeit sollte man sich für die übersichtlich gegliederte Schau nehmen. Was gibt es dort nicht alles zu sehen: den hinduistischen Sagenvogel Garuda, Darstellungen des elefantenköpfigen Gottes Ganesha sowie der Trinität Brahma, Vishnu und Shiva – und vieles mehr. Acht Jahrhunderte Hochkultur sind hier auf engstem Raum in faszinierender Weise zusammengefasst. *Im Sommer tgl. 7 bis 18 Uhr, sonst bis 17 Uhr | Eintritt 1,50 Euro | nahe der Kreuzung Nu Vuong/Bach Dan*

KATHEDRALE
Das 1923 für die Franzosen errichtete Gotteshaus mit seinen poppigbunten Fenstern wird heute von den über 4000 Katholiken Da Nangs genutzt. *Nördlich des Cham-Museums in der Tran Phu*

Nördlich von Da Nang liegen wunderbare Badestrände

DA NANG

ESSEN & TRINKEN

CHRISTIE'S RESTAURANT & COOL SPOT

Auf hungrige Reisende warten Sushi und Sashimi, westliche Snacks und vietnamesische Pho-Suppen – alles wohlschmeckend und preisgünstig. Hier informieren sich viele Rucksacktouristen aus westlichen Tageszeitungen und dem Satellitenfernsehen über die Ereignisse in der Heimat. *112 Tran Phu | Tel. 0511/382 40 40 | €€*

ÜBERNACHTEN

DAI A HOTEL

Ein sauberes, relativ neues Hotel. *28 Zi. | 27 Yen Bai | Tel. 0511/382 75 32 | Fax 382 57 60 | www.daiahotel.com.vn | €–€€*

THE FURAMA RESORT

Die von der kaiserlichen Architektur Hues inspirierte Anlage mit ihren Gärten, Lagunen und erstklassigen Sportanlagen gehört zu den besten Häusern Vietnams. *200 Zi. | 68 Ho Xuan | Bac My An (China Beach) | Tel. 0511/384 78 88 | Fax 384 76 66 | www.furamavietnam.com | €€€*

SANDY BEACH RESORT

Weitläufige Strandherberge am schönen Non-Nuoc-Strand: helle Zimmer und Bungalows, zwei Pools, Tennisplätze. *124 Zi. | 255 Huyen Tran Cong Chua | Hoa Hai, Ngu-Hanh-Son-Bezirk | Tel. 0511/383 62 16 | Fax 383 63 35 | www.sandybeachdanang.com | €€€*

STRÄNDE

Der *China Beach* erstreckt sich vom Son-Tra-Berg (Affenberg) rund 30 km nach Süden. Er ist bei Touristen sehr beliebt – allerdings auch bei Kindern, die Souvenirs verkaufen. Achtung: Manchmal gibt es gefährliche Strömungen! Die beste Zeit zum Schwimmen: April bis August.

Vorzuziehen ist der idyllische *Canh Duong Beach* nahe Lang Co ca. 20 km nördlich der Stadt. Er ist rund 8 km lang und gilt als einer der schönsten Strände Vietnams.

AUSKUNFT

Saigon Tourist Da Nang | 357 Phan Chu Trinh | Tel. 0511/389 72 29 und 382 72 11 | Fax 382 71 58 | www.saigontouristdanang.com | www.danang.gov.vn

ZIELE IN DER UMGEBUNG

MARMORBERGE ★ [129 E3]

Gut 8 km südlich von Da Nang ragen, aus einer Ebene nahe dem China Beach, fünf Berge bis zu 100 m steil auf. Sie sind nach den fünf grundlegenden Elementen der chinesischen Philosophie benannt: Thuy (Wasser), Tho (Erde), Kim (Metall), Moc (Holz) und Moa (Feuer). Einer Legende zufolge sollen sie Eier eines riesigen Drachens sein. Der bekannteste Berg ist der *Thuy Son,* der Wasserberg, von dessen Gipfel Sie am Aussichtspunkt *Vong Giac Dai* einen phantastischen Blick über den Strand, das Meer und die anderen Berge genießen können. Im Zuge eines einstündigen Rundgangs lernt man die einst von den Cham genutzten Grotten kennen (Taschenlampe und Mückenspray mitnehmen!). Beeindruckend sind die *Tam-Tai-Pagode* und die rund 30 m hohe Grotte *Huyen Khong,* in deren Innerem zahllose Räucherstäbchen an der

> www.marcopolo.de/vietnam

HUE UND DIE MITTE

Statue des Thich Ca (Buddha der Gegenwart) brennen. Es entsteht ein stiller, feierlicher Zauber, wenn Sonnenstrahlen golden durch das Höhlendach hindurchscheinen und die Betenden sich andächtig vor dem Buddha verneigen. Von *Tang Chon*, der letzten Höhle, führt der Weg hinab zur *Linh-Ung-Pagode* und in das Dorf *Quang Nam,* wo man Marmorsouvenirs kaufen kann. *Marmorberge tgl. 7–17 Uhr | Eintritt 1 Euro*

My Son das bedeutende religiöse und kulturelle Zentrum der Cham. Die Gründung des dem Gott Shiva geweihten Heiligtums wird dem Champa-König Bhadravarman zugeschrieben. Im 4. Jh. hatte er seinen

Buddhistische Wächterfigur der Grotte Huyen Khong

Herrschersitz nahe dem heutigen Tra Kieu (20 km östlich von My Son). Seit dem 7. Jh. wurden die ersten, aus Holz errichteten Sakralbauten durch Ziegelbauten ersetzt. Beim Bau wurde weder Mörtel noch Kalk verwendet; das Harz des Cau-Day-Baumes hielt die Mauern zusammen.

MY SON ★ [129 D–E3]

32 km südlich von Da Nang zweigt ein Sträßchen nach *Nong Son* ab. Urplötzlich ragen aus dem dichten Grün des Dschungels die bemoosten, von Farnen umrankten rostroten Tempeltürme. Vom 4. bis zum 13. Jh. war

My Son mag für manche Urlauber nur eine Ansammlung von vergessenen Ruinen sein – Türme, Mauern und Tempel, die zudem extrem unter dem Krieg gelitten haben. Nachdem Vietcong das Tal als vermeintlich si-

HOI AN

cheres Versteck entdeckt hatten, erklärte die US-Armeeführung die Region zur freien Feuerzone. Nur ein Bruchteil der ursprünglich 70 Sakralbauten blieb bei den Bombardements unbeschädigt. Wer aber die Kultur des Champa-Reichs vertiefend studieren möchte, kommt an My Son nicht vorbei. Zu Recht hat die Unesco die Tempelstadt 1999 unter den Schutz des Welterbes gestellt.

Die Cham-Tempel unterhalb des Berges My Son (Schöner Berg) sind in vier Gruppen eingeteilt: Gruppe A zeigt Steinreliefs, Gruppe B ein prächtiges Tor, das sich zum Heiligtum öffnet. In Gruppe C weisen die Ziegelwände überwiegend Cham-Motive auf, und Gruppe D ist ein Ensemble aus sechs Gebäuden und dem so genannten Stelenhof mit Opfertafeln. Achtung: Da bis heute unzählige Landminen in der Erde um My Son verborgen sind, sollten Sie unter keinen Umständen die ausgewiesenen Pfade verlassen! *Tgl. 6.30–16.30 Uhr | Eintritt 3 Euro*

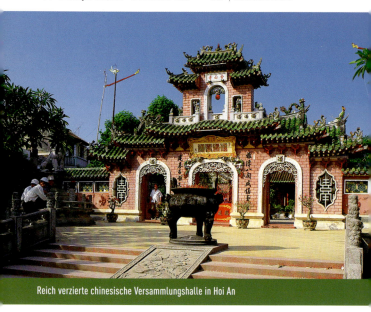

Reich verzierte chinesische Versammlungshalle in Hoi An

HOI AN

[129 E3] ★ **Mittelmeercharme und Exotik des Fernen Ostens sind hier auf einzigartige Weise miteinander verbunden.** Beim Gang durch die malerischen Gassen fällt es schwer, sich vorzustellen, dass Hoi An vor 300 Jahren eine der bedeutendsten Hafenstädte in Südostasien war – eine Gründung der Cham, die von den Nguyen-Herrschern ausgebaut wurde. Als immer größere Schiffe gebaut wurden und

> *www.marcopolo.de/vietnam*

HUE UND DIE MITTE

der Zwischenstopp in kleineren Häfen nicht mehr nötig war, geriet Hoi An Anfang des 19. Jhs. ins Abseits. Erst Anfang der 1990er-Jahre erwachte die Stadt dank des internationalen Tourismus.

Die Folgen der rasanten Entwicklung sind sichtbar: Urige Kramläden, in denen früher landestypische Waren verkauft wurden, gibt es kaum noch. Immer mehr auswärtige Geschäftsleute lassen sich in Hoi An nieder und verwandeln die Stadt in eine Ansammlung von Souvenirshops, Restaurants und kleinen Hotels. Wie schön, dass sich Hoi An wenigstens den Ruf der vietnamesischen „Schneiderstadt" bewahren konnte. In der Tat können Sie hier morgens Maß nehmen lassen und abends in einem Seidenanzug oder Abendkleid ausgehen.

SEHENSWERTES
ALTSTADT

Besucher können durch die Altstadt schlendern, die sich zwischen der Uferpromenade Bach Dang und der Phan Chu Trinh erstreckt. Man kann sich von den alten Handelshäusern, Versammlungshallen, Pagoden und Geschäftshäusern inspirieren lassen. Weit mehr als 800 Gebäude sind historisch bedeutend; die Unesco stufte die Innenstadt 1999 als Welterbe ein. Für den Besuch vieler der historischen Gebäude benötigt man eine Eintrittskarte; Sammelkarten für 3,50 Euro gelten für fünf Eintritte. Die Tickets sind erhältlich an mehreren Verkaufsstellen in der Altstadt, z. B. gegenüber der *Hoi Quan Phuoc Kien* (Versammlungshalle der Fujian-Chinesen) in der *46 Tran Phu*.

Von besonderer Exotik sind die Häuser der chinesischen Landsmannschaften. In der Phu-Kien-Pagode im Haus der Fujian-Chinesen huldigt man der Himmelskaiserin Thien Hau, die über Wohl und Wehe der Seeleute wacht. Bemerkenswert sind auch die kunstvollen Schnitzereien im 1776 gebauten Haus der Chaozhou-Chinesen.

Besonders schön ist die Stadt zur Zeit der *Hoi An Legendary Night*: **Insider Tipp** Jeden Monat am Vorabend des Vollmondfestes (14. Tag des Mondkalenders) erstrahlen die Altstadtgassen im Schein des Mondes, der Lichterketten, Kerzen und farbenprächtigen Lampions. Die Bewohner begehen die „Legendary Night" mit Volksmusik, (Gedicht-)Lesungen in den alten Häusern und kulinarischen Spezialitäten.

HANDELSHÄUSER

Die meisten Kaufmannshäuser der Stadt stammen aus dem frühen 19. Jh. Sie dienen noch heute der Ahnenverehrung, dem Geschäft und dem Familienleben. Zu den schönsten gehört das *Quan-Thang-Haus (77 Tran Phu)* mit einem auffallenden grünen Ziegeldach. Das *Phung-Hung-Haus (4 Nguyen Thi Minh Khai)* hat kunstvolle Fensterläden und einen frei hängenden Ahnenaltar. Seit mehr als 200 Jahren bewohnt ein einziger Clan das mit filigranen Schnitzereien ausgestattete *Tan-Ky-Haus (101 Nguyen Thai Hoc | tgl. 8 bis 17.30 Uhr)*. Sehenswert ist auch die *Andachtsstätte der Tran-Familie (21 Phan Chu Trinh, tgl. 7–18 Uhr)* mit kostbaren Elfenbeinschnitzereien. Das *Diep-Dong-Nguyen-Haus*

HOI AN

(80 Nguyen Thai Hoc) diente einst als Handelskontor für chinesische Medizin und Heilkräuter. *Öffnungszeiten meist 8–17 bzw. 8–18 Uhr*

JAPANISCHE BRÜCKE
Japaner und Chinesen errichteten in Hoi An getrennte Wohnviertel. Die Grenze zwischen den Gebieten stellt die 18 m lange, überdachte Japanische Brücke dar. Mit dem Bau der ersten und mehrfach zerstörten Brücke wurde 1593 begonnen, im Jahr des Affen, wie die beiden Affen an der japanischen Seite der Brücke anzeigen. Zwei Jahre später, im Jahr des Hundes, war das hölzerne Bauwerk mit seinem Dach aus grünen und gelben Ziegeln fertig, wie sich an zwei steinernen Hunden auf der chinesischen Seite erkennen lässt.

■ ESSEN & TRINKEN
Entlang der Straßen *Nguyen Hue, Tran Phu* und *Bach Dang* am Fluss befinden sich viele kleine Restaurants und Bars, in denen man gemütlich essen oder etwas trinken kann. Probieren Sie *cao lau,* eine delikate Suppe aus Nudeln, Schweinefleisch und grünem Gemüse, zu deren Zubereitung Wasser aus Hoi Ans uralter Quelle verwendet wird.

BROTHER'S CAFÉ HOI AN
Idyllisch direkt am Thu Bon River an einer ruhigen Straße gelegen. In der Kolonialvilla mit Tropengarten, luftigem Holzinterieur und offenem Dachstuhl wird sehr gute vietnamesische und internationale Küche serviert. Erlesenes Angebot aus dem Weinkeller. Auch Kochkurse. Abends reservieren! *27 Phan Boi Chau | Tel. 0510/91 41 50 | €€€*

LIGHTHOUSE CAFÉ & RESTAURANT
Bester Blick aus dem zweistöckigen Lokal auf die Altstadt von der anderen Flussseite, der Insel Cam Nam. Hoi-An-Klassiker und westliche Speisen, Weine aus aller Welt. Auch

Geschmückt mit Hunden und Affen: die Japanische Brücke in Hoi An

HUE UND DIE MITTE

Radtouren ins ländliche Hoi An und Kochkurse. *Cam Nam | Tho 5, Thon Xuyen Trung | Tel. 0510/93 62 35 | www.lighthousecafehoian.com | kostenlose Shuttleboote bis ca. 21 Uhr | €–€€*

RED BRIDGE RESTAURANT
Allein die 20-minütige Bootsfahrt zu dem ländlich gelegenen Open-Air-Lokal lohnt, wie auch die Rückfahrt im Mondschein. Moderne vietnamesische Küche in dezent-schickem Ambiente am Flussufer. *Thon 4 | Cam Thanh (ca. 4 km vom Zentrum, ausgeschildert) | Tel. 0510/93 32 22 | www.visithoian.com | kostenlose Shuttleboote tgl. 12, 13.30 Uhr, Fr, Sa, So auch 17.30, 19 Uhr an der Uferpromenade (74 Bach Dang, gegenüber vom Café Can), auch Abholung vom Hotelpier | €–€€*

■ EINKAUFEN
Hoi An ist bekannt für maßgeschneiderte Kleidung und für Seide, die großteils aus China stammt. Der Meter reine Naturseide kostet bei 90 cm Breite ca. 9 Euro.

HOI AN HANDICRAFT WORKSHOP
Hier gibt es Souvenirs und Kunsthandwerk sowie täglich traditionelle Musikaufführungen. *9 Nguyen Thai Hoc*

QUYNH GIAO
Schöne Keramiken in originellen Designs bietet Frau Giao. Sie verschickt sie auch professionell per Flugzeug oder Schiff. In einem weiteren Laden *(683 Hai Ba Trung)* gibt es außerdem Seidenmalereien. *681 Hai Ba Trung | qgiao2000@hotmail.com*

REACHING OUT
Eine Werkstatt in einem alten Hoi-An-Gemäuer, in der Behinderte vietnamesisches Kunsthandwerk herstellen. *103 Nguyen Thai Hoc (neben dem Tan-Ky-Haus) | www.reachingoutvietnam.com*

SILK ROAD
Gute Altstadtboutique: Schneider Thuy zaubert Blusen, Kleider und Hosen schon für ab 8 Euro, abhängig von Material und Größe. *91 Nguyen Thai Hoc | Tel. 0510/91 10 58 | silkroadvn@hotmail.com*

THOI TRANG
Dieser Schneider ist zwar etwas teurer als die anderen, näht aber außerordentlich zuverlässig und verwendet gute Stoffqualitäten. Einige Richtwerte für Preise: Eine Hose kostet ca. 12 Euro, ein Anzug ab 20 Euro, eine Bluse 6–8 Euro. *73 Tran Phu | Tel. 0510/86 10 40*

■ ÜBERNACHTEN
HOI AN RIVERSIDE RESORT
Hübsche Bungalowanlage des Modedesigners Khai (Khaisilk) am Fluss, 1 km vom Cua-Dai-Strand entfernt. Dort gibt es einen Privatstrand. *60 Zi. | Cua Dai | Tel. 0510/86 48 00 | Fax 86 49 00 | www.hoianriverresort.com | €€–€€€*

LIFE RESORT HOI AN
Ein stilvoller dreistöckiger Kolonialnachbau, am Flussufer gelegen. Geräumige, schicke Zimmer (in der unteren Etage allerdings etwas düster), kleine Terrassen zum Garten oder zum Fluss. Eigener Pier, großer Pool und Spa. *94 Zi. | 1 Phan Hong Thai |*

HOI AN

Tel. 0510/91 45 55 | Fax 91 45 15 | www.life-resorts.com | €€€

LONG LIFE HOTEL
Ein echter Preisknüller: Stilvoll eingerichtete, ruhige, helle Zimmer, teils Balkon zum Garten und Reisfeld, wunderschöne Bäder mit Eckwanne, herzliche Angestellte. Rechtzeitig buchen! 20 Zi. | 26 Ba Trieu | Tel. 0510/91 66 96 | Fax 91 66 97 | www.longlifehotels.com | €

VICTORIA HOI AN RESORT
Schöne Bungalowanlage im Stil des alten Hoi An. Die Mehrzahl der 100 Zimmer und Suiten liegt zum Meer hin, die übrigen zum Fluss. Privatstrand, Pool, Tennis, Fitnesscenter, Wassersport. *Cua Dai Beach* | Tel. 0510/92 70 40 | Fax 92 70 41 | www.victoriahotels-asia.com | €€€

FREIZEIT & SPORT

BOOTSTOUREN
Auf Paddelboottouren auf dem Thu Bon, dem größten Fluss der Provinz, können Sie die Handwerker- und Fischerdörfer in der Umgebung erkunden (etwa einstündige Tour ca. 2 Euro).

KOCHKURSE
Der neue Trend in Hoi An: Viele Restaurants bieten Kochkurse an, teils mit Marktbesuch, z. B. *Vy's Cooking School im Cargo Club (107 Nguyen Thai Hoc | Tel. 0510/91 04 89), Brothers Café, Red Bridge Restaurant* und *Tam Tam*.

STRAND
Der feinsandige *Cua-Dai-Strand* ist eine Art Verlängerung des China Beach in Richtung Süden und nur 5 km von Hoi An entfernt. *Cua Dai (Verlängerung der Tran Hung Dao)*

AM ABEND

Für einen Bummel empfiehlt sich die Flanierzeile *Bach Dang* am Fluss.

CHAMPA BAR
Bei Einheimischen wie bei Touristen sehr beliebte Bar. *75–77 Nguyen Thai Hoc | Tel. 0510/86 29 74 | tgl. ca. 11–23 Uhr*

TAM TAM
1000 CDs, gute Mojitos; vom Balkon aus kann man auf die quirlige Straße schauen. *110 Nguyen Thai Hoc | Tel. 0510/86 22 12 | tamtam.ha@dng.vnn.vn | tgl. 8–23 Uhr*

AUSKUNFT

Sinh Café | *18 B Phan Chu Trinh* | *Tel. 0510/86 39 48 | Fax 91 00 07 | www.sinhcafevn.com | www.visithoian.com*

ZIELE IN DER UMGEBUNG

Neben schönen Stränden gibt es auch unberührte Buchten und einige Zeugnisse der Vergangenheit zu entdecken: Cham-Türme, Überbleibsel der hinduistischen Tempel. Ein solches Ziegelsteinbauwerk steht z. B. bei *Bang An* [129 E3], 10 km westlich von Hoi An. Auf dem Weg dorthin kann man auch in *Thanh Ha* vorbeischauen, einem Töpferdorf. Nur noch wenige Töpfereien bieten hier Waren feil, die von zumeist guter Qualität sind.

Fähren (tgl. 7 Uhr, ca. 2 Std. Fahrt) verbinden das Festland mit der 20 km entfernt gelegenen Insel *Cham*

HUE UND DIE MITTE

[129 E3], berühmt für ihre Schwalbennester, die nach China exportiert werden, und beliebt bei Tauchern. Zu sehen gibt es eine Vielfalt an tropischen Fischen, die Sichtweiten liegen während der Trockenzeiten bei bis zu 30 m. Übernachten können Sie in dem Fischerdorf *Tan Hiep* in einfachen Privatunterkünften. Cham lässt sich aber auch im Rahmen einer organisierten Tagestour entdecken.

1945 war Hue die Hauptstadt der letzten Kaiserdynastie, der Nguyen. Da die Stadt auf halbem Weg zwischen Hanoi und Saigon liegt, entwickelte sie sich zum Drehkreuz von Zentralvietnam. Vor allem die idylli-

Ein Bild wie aus alter Zeit: Fischerin auf dem Song-Huong-Fluss bei Hue

HUE

[129 D3] Das rund 300 000 Einwohner zählende Hue strahlt trotz aller auch heute noch sichtbaren Wunden des Vietnamkriegs die Ruhe und Gelassenheit einer traditionsreichen Stadt aus, die viele Herrscher hat kommen und gehen sehen. Kein Wunder, bedeutet ihr Name doch „Harmonie". Von 1802 bis sche Lage beiderseits des von sanften Hügeln flankierten, träge dahinfließenden Song-Huong-Flusses trägt zu ihrem Flair bei. Über den Ursprung des poetischen Namens „Parfümfluss" kursieren verschiedene Theorien. Eine Version verweist auf die wohlriechenden Edelhölzer, die auf dem Wasser transportiert wurden, eine andere auf die im Frühjahr auf dem Fluss treibenden Blüten. Zeugen der Vergangenheit sind die Zitadelle mit der Kaiserstadt und dem Kaiserpalast, die Thien-Mu-Pagode und die einige Kilometer südlich der Stadt gelegenen Kaisergräber. Auch seine

HUE

traditionelle Bedeutung als Beamten- und Gelehrtenstadt hat Hue bewahren können, beherbergt es doch bis heute einige der bedeutendsten Hochschulen des Landes. Nicht zuletzt prägen die freundlichen, weltoffenen Einwohner Hues die Atmosphäre der Stadt. Das harmonische Nebeneinander von Vergangenheit und Moderne, Aufbruch und Verharren, ländlicher und städtischer Kultur macht den Charme von Hue aus.

■SEHENSWERTES
ZITADELLE HUE ★

Am linken Ufer des Song-Huong-Flusses liegt die Zitadelle aus dem 17. Jh., die 1993 als Welterbe unter den Schutz der Unesco gestellt wurde. Sie ist umgeben von einer über 10 km langen Mauer auf einem 6 m hohen Erdwall. Die Umfassungsmauer war bis zu 20 m dick. Die Zitadelle war einst ein Staat in der Stadt, mit Tempeln, Beamtenwohnungen, Ziergärten, breiten und schattigen Straßen. Alles war streng nach den Regeln der Geomantik und im Einklang mit den Erfordernissen der Astrologie angelegt, sodass der harmonische Gleichklang mit der Natur gefunden werden konnte.

Schachtelartig umschließen sich die drei Stadtanlagen: außen die Zitadelle für die Beamten, dann die Kaiserstadt. Prächtigster Teil ist der alte Kaiserpalast, die so genannte „Verbotene Stadt", in der Bibliothek, private Empfangsräume und Tempelhallen zu besichtigen sind. Über die *Phu-Xuan-Brücke* erreicht man den 1809 erbauten, 37 m hohen *Flaggenturm,* auf dem an Festtagen die gelbe Flagge der „Himmlischen Dynastie" flatterte. Das wuchtige *Ngo-Mon-Tor* (Mittagstor) ist das Haupttor zur Kaiserstadt. Früher durfte nur der Kaiser diesen Eingang benutzen. Oben auf diesem Tor befindet sich der *Ngu-Phung-Pavillon,* der „Fünf-Phönix-Pavillon", mit seinen neun Ziegeldächern – hier erschien der Kaiser zur Bekanntgabe wichtiger Angelegenheiten. Ebenfalls an diesem Ort verkündete 1945 der letzte Nguyen-Herrscher seinen Rücktritt. *Tgl. 7 bis 18 Uhr | Eintritt 3 Euro*

Über einen Hof und die „Brücke des Goldenen Wassers" *(Trung Dao)* gelangt man in den Thronsaal *Dien Thai Hoa,* die „Halle der höchsten

Die Tore der Kaiserstadt von Hue waren für das Volk jahrhundertelang verschlossen

HUE UND DIE MITTE

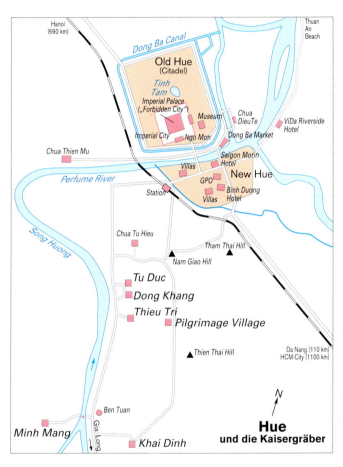

Harmonie", die in den Herrscherfarben Rot und Gold ausgekleidet ist. In der Mitte der Halle saß der Kaiser auf einem prächtig geschnitzten, vergoldeten Thron. Auf dem „Hof der Feierlichkeiten", der von neun Stelen unterteilt wird, hatten die aufwartenden Mandarine zu stehen, entsprechend ihren Rängen und unterteilt in zivile Beamte (rechts) und hohe militärische Beamte (links). Durch die „Goldene Pforte" *(Dai Cung Mon)* gelangt man in den „Palast der Gesetze des Himmels" mit dem dahinter liegenden, eigentlichen kaiserlichen Palast. Rechts und links davon bereiteten sich die Beamten in den „Hallen der Mandarine" auf die Audienz beim Kaiser vor. Wendet man sich nach links, dann steht man vor dem

HUE

privaten Bereich des Herrschers. Hier bewachten einst Eunuchen den kaiserlichen Harem. Im königlichen Theater finden morgens und mittags Volksmusikaufführungen *(ca hue)* statt.

Verlassen Sie die Kaiserstadt über das Osttor *(Hien Nhan Mon),* sollten Sie den Museumskomplex ansteuern. Unweit der südöstlichen Ecke der Mauer wurde im ehemaligen Long-An-Palast das sehenswerte *Palastmuseum (tgl. 7–16.30 Uhr | Eintritt 1 Euro | 3 Le Truc)* eingerichtet. Es birgt Möbel, Kleidung, Porzellan und Dekorationsgegenstände aus dem Palast. Schon der wohlproportionierte Holzbau selbst ist einen Besuch wert. Er hat einen Rahmen aus dem sehr harten Eisenholz, und viele Schnitzereien, darunter 35 Gedichte und Prosatexte, zieren Balken und Fenster.

ESSEN & TRINKEN

Insider Tipp
CAFE ON (THU) WHEELS
Ein Treffpunkt der Travellerszene – nicht nur das tolle Frühstück, sondern auch die guten Drinks und die langen Öffnungszeiten begeistern die Gäste. Zum Angebot gehören auch gute Motorradtouren ins Umland. *10/2 Nguyen Tri Phuong | Tel. 054/83 22 41 | €*

OMAR'S (KHAYYAM RESTAURANT)
Authentische indische Gerichte, z. B. Tandoori-Huhn und vegetarische Currys. *10 Nguyen Tri Phuong | Tel. 054/82 16 16 | €*

EINKAUFEN

Eine gute Adresse für Fans der vietnamesischen Reisstrohhüte ist der *Dong-Ba-Markt* südöstlich der Zitadelle am linken Flussufer.

Am gegenüberliegenden Ufer gibt es verschiedene Märkte (Obst, Gemüse, Kaffee) in der *Phan Boi Chau,* in der *Nguyen Con Tru (Ecke Ba Trieu)* und in der *Huong Vuong* nahe dem Busbahnhof.

ÜBERNACHTEN

ORCHID HOTEL
Unterschiedlich eingerichtete Zimmer mit Parkett, große Betten,

Nach chinesischem Vorbild: die verbotene Stadt in der Zitadelle von Hue

HUE UND DIE MITTE

schöne Bäder, TV (DVD), Jacuzzi, eine Honeymoon-Suite und hilfsbereites Personal. Nur das Frühstück könnte besser sein … *20 Zi. | 30 A Chu Van An | Tel. 054/83 11 77 | Fax 83 12 13 | www.hostelz.com/hotel/ 57473-Orchid-Hotel |* €

PILGRIMAGE VILLAGE
Etwas außerhalb im traditionellen Stil erbautes Boutiquehotel. Elegante Zimmer und tropischer Garten mit Pool. *99 Zi. | 130 Minh Mang (ca. 3 km Richtung Kaisergräber) | Tel. 054/88 54 61 | Fax 88 70 57 | www. pilgrimagevillage.com |* €€–€€€

SAIGON MORIN
Mit kolonialem Touch, für Genießer. Wunderbar frühstücken können Sie im idyllischen Innenhof oder auf dem Dachgarten im 3. Stock. Die Zimmer sind sehr geräumig und hübsch eingerichtet. *180 Zi. | 30 Le Loi | Tel. 054/82 35 26 | Fax 82 51 55 | www.morinhotel.com.vn |* €€–€€€

STRAND
Empfehlenswert ist der *Thuan-An-Strand*, der etwa 13 km nordöstlich an einer schönen Lagune liegt.

AM ABEND
BROWN EYED GIRL
Angesagter Club. Hier vergnügen sich die bis zu 25-Jährigen bei House, Rap und Karaokespielen. *55 Nguyen Sinh Cung*

DMZ BAR
Beliebt bei Rucksackreisenden wie bei Ausländern, die in Vietnam leben. *44 Le Loi | Tel. 054/82 34 14 | tgl. ca. 11–23 Uhr | www.dmz-bar.com*

AUSKUNFT
Vietnam Tourism | 14 Nguyen Van Cu | Tel. 054/82 83 16 | Fax 82 10 90 | www.huefestival.com

Hüte für Reisbauern und Souvenirjäger

ZIELE IN DER UMGEBUNG
BACH-MA-NATIONALPARK [129 D–E3]
Insider Tipp

In dem 40 km südöstlich von Hue gelegenen, erst seit wenigen Jahren öffentlich zugänglichen Regenwald-Nationalpark wurde 1992 eine für ausgestorben erachtete Antilopenart, die Waldoryxantilope *(sao la)*, neu entdeckt. Der sehr regenreiche Park liegt 28 km westlich von Lang Co, Abzweigung vom Highway 1 bei Cau Hai (3 km, bis zum 1444 m hohen Gipfel 16 km, wunderbarer Blick bis zum Meer). Das *Morin Bach Ma Hotel (12 Zi. | Tel. 054/ 87 11 99 | Fax 87 11 77 | €)* ist ein

HUE

rustikales Haus mit Balkonzimmern, Nachtclub und Restaurant, am Wochenende oft voll und laut. Infos zur Übernachtung in sechs einfachen Guesthouses: *Tel. 054/87 13 30 | Fax 87 13 29 | €. Park März–Sept. 7–17, Okt.–Feb. 7.30–16.30 Uhr | Eintritt 0,50 Euro | www.bachma.vnn.vn*

CHUA THIEN MU [129 D3]
Um die „Pagode der Himmelsmutter" (ca. 5 km westlich der Stadt am Nordufer des Parfümflusses) rankt sich eine Legende: 1601 soll dort dem Begründer der Nguyen-Dynastie, Nguyen Hoang, die Gestalt einer alten Frau auf dem kleinen Hügel erschienen sein. Die Frau behauptete, dass dieser Ort einer Gottheit gehöre, und verlangte, dass hier eine Pagode gebaut werden müsse. Nguyen Hoang folgte dem Befehl – und das Land und die Nguyen-Familien prosperierten viele Hundert Jahre lang. 1844 kam im Auftrag von Kaiser Thieu Tri der achteckige, 21 m hohe *Phuoc-Duyen-Turm* dazu. Auf sieben Etagen sind Buddhastatuen verteilt, Abbilder von menschlichen Erscheinungen des Erleuchteten. Der Turm ist heute das Wahrzeichen von Hue. In Thien Mu praktizierte der Mönch Thich Quang Duc, der 1963 für Aufsehen sorgte. Mit einem hellblauen Chevrolet, der in einem rückwärtigen Gebäude der Pagode zu sehen ist, fuhr er nach Saigon und verbrannte sich vor den Augen der Weltpresse aus Protest gegen die Gräuel des Diem-Regimes.

KAISERGRÄBER [129 D3]
Die sechs Kaisergräber der Nguyen-Dynastie befinden sich zwischen 7 und 14 km südlich von Hue. Sie sind Ziel zahlreicher organisierter Touren; zu empfehlen ist jedoch eher die selbst organisierte Anreise im gemieteten Boot über den Parfümfluss (ca. 8 Euro), eventuell in Kombination mit einem Taxi. Da die Gräber weit voneinander entfernt liegen, empfiehlt sich auch eine private Bootsfahrt mit geliehenem Fahrrad im Gepäck. Die Räder (ca. 1 Euro pro Tag) sind überall auszuleihen. Prüfen Sie unbedingt die Bremsen gut! Weil es an den Gräbern ziemlich voll werden

> LOW BUDGET

> Wohnen wie im Museum: Das *Minh A (Ancient Lodging House)* in Hoi An bietet fünf einfache Gästezimmer in einem fast 200 Jahre alten Holzwohnhaus. Nr. 3 mit Balkon zum Innenhof und eigenem Bad ist ruhiger als die Zimmer zur Straße (teils keine Fenster, nichts für große Menschen). Übernachtung ca. 7 Euro. *2 Nguyen Thai Hoc (am Markt) | Tel. 0510/86 13 68, mobil 09 03 58 36 71*

> *Van Xuan Guesthouse:* Mitten im Backpackerviertel von Hue betreut ein freundliches altes Ehepaar seine Gäste – ohne ein Wort Englisch, aber mit viel Charme. Übernachtung ca. 5 Euro. *10 D Pham Ngu Lao | Tel./Fax 054/82 65 67*

> In Hue gibt es alle paar Meter *Bun-Bo-Hue-Lokale* (z. B. *11 B Ly Thuong Kiet | kein Tel.*). Der Name ist Programm, und gegessen wird, was auf den Tisch kommt: eine Schüssel mit *bun bo hue,* der typischen Rindfleisch-Reisnudelsuppe nach Hue-Art (ca. 0,70 Euro).

HUE UND DIE MITTE

kann, sind der frühe Morgen oder der frühe Abend die günstigsten Zeiten für einen Besuch.

Die Grabstätten sind einander recht ähnlich aufgebaut, meist sind sie von einer Ringmauer umgeben und von einem Ehrenhof mit Geisterallee oder Wächterfiguren gesäumt. In einem Stelenpavillon findet sich eine Marmortafel, auf der die guten Taten des Verstorbenen verzeichnet sind. Hinter dem Pavillon stehen der Tempel zur Verehrung der Kaiserfamilie und das eigentliche Mausoleum.

Kaiser *Tu Duc* ließ sein Grabmal im Jahr 1848 von 3000 Zwangsarbeitern bauen. Die Grabstätte liegt 7 km von der Stadt entfernt und ist umgeben von einer Mauer und Teichen voller Seerosen und Lotos. Tu Ducs Grabanlage zählt zu den romantischen und prachtvollen Meisterwerken der Grabmalbaukunst. Zu Lebzeiten weilte der Kaiser oft hier, um sich der Poesie, dem Schachspiel oder dem Angeln hinzugeben. *Regelmäßige Aufführungen höfischer Musik im restaurierten Minh-Kiem-Duong-Theater*

Dort, wo sich die beiden Flüsse Ta Trach und Huu Trach zum Parfümfluss vereinigen, liegt ca. 12 km von Hue entfernt die prächtige Grabstätte von Kaiser *Minh Mang*. Mit dem Bau wurde 1841 nach seinem Tod begonnen. Der Palast, der Pavillon und die drei prächtigen Eingangstore sind in einem Park um die zwei großen Seen herum gebaut, die den Eindruck einer großzügigen und friedvollen Atmosphäre noch verstärken.

Das Grabmal des Kaisers *Khai Dinh* wurde in den Jahren von 1920 bis 1931 auf dem Berg Chau errichtet. Die Kombination asiatischer und europäischer Bau- und Schmuckelemente zeugt vom besonderen Interesse des Kaisers an der europäischen Kultur. Die vielfarbigen Keramikmosaike im Inneren des Tempels geben

Pavillon mit der Grabstele des Kaisers Tu Duc aus dem 19. Jahrhundert

diesem Grabmal ein anmutiges Aussehen. Khai Dinh, der zwölfte Kaiser der Nguyen-Dynastie, war der Vater von Kaiser Bao Dai, dem letzten vietnamesischen Herrscher. Die Gräber von *Gia Long, Thieu Tri* und *Dong Khanh* sind kleiner und bescheidener.

Tgl. 7–17 Uhr | Eintritt je Grabanlage 3 Euro

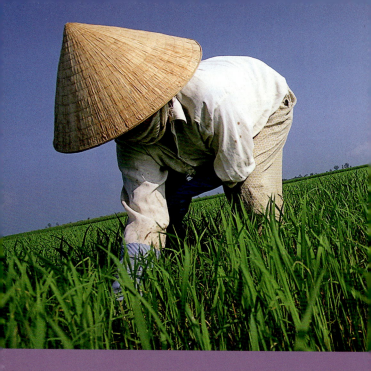

> INS LAND DER TAUSEND WASSERWEGE

Am Saigon River brodelt das Leben, das Mekongdelta ist die Reiskammer Vietnams

> Frühmorgens ist er am schönsten, kurz nach 6 Uhr, wenn die Sonne über dem riesigen, dunsttrüben Flussdelta aufsteigt: der Mekong, die Lebensader des Südens, der mit insgesamt neun Seitenarmen, den „neun Drachen", ins Meer mündet.

Unter dem Tremolo der Bootsmotoren erwacht Vietnam: Die Fischer in Chau Doc füttern die Welse in den Fischfarmen, in den winzigen Restaurants schwatzen die Menschen bei der Morgensuppe und einem Tee oder duftendem *ca phe,* und in der Reisnudelfabrik von Can Tho werden die dieselgetriebenen Rührgeräte hochgefahren. Auf dem Cai-Rang-Markt wechseln Früchte und Gemüse ebenso den Besitzer wie Draht und Holzstäbe – von Boot zu Boot wird auf dem „schwimmenden Markt" gehandelt. Hier unten, am Mekong, ist das Leben ein langer, großer Fluss.

Wer bei einer Fahrt durch den Süden den Eindruck bekommt, auffal-

Bild: Phan Thiet, Frauen bei der Reisernte

SAIGON UND DER SÜDEN

lend wenige Plakate mit sozialistischen Parolen am Wegesrand zu sehen und viele junge Geschäftsmänner zu erleben, denen die Dollarzeichen förmlich in den Augen zu stehen scheinen, liegt richtig. Hier konnten „kapitalistische" Ideen nie ganz verschwinden. Denn im Zweifelsfall, so heißt es, ist Hanoi sehr weit weg. So sind Saigon und die Umgebung jetzt der Motor einer zweiten, klammheimlichen, aber sichtbaren Revolution – die der städtischen Schickeria, einer kleinen, reichen Oberschicht.

An den puderweichen Stränden in Nha Trang, Phan Thiet, Mui Ne oder auf der Insel Phu Quoc fühlt man sich wie in der Karibik, so wunderschön sind die Ensembles aus feinem Sand, kristallklarem Meer und wippenden Kokospalmen. Laissez-faire und Tropenzauber – das ist der Süden Vietnams.

CAN THO

CAN THO

[130 C4] **Auf unzähligen Kanälen und mäandernden Wasserwegen tuckern unablässig die Longtailboote, deren Name von der länglichen Schiffsschraube herrührt, die wie ein Quirl durch das Wasser fegt.**

■ SEHENSWERTES

CAI RANG FLOATING MARKET ★

Der Cai-Rang-Markt von Can Tho ist der bunteste und schönste der so genannten „schwimmenden Märkte" im Mekongdelta. Allmorgendlich bevölkern unzählige, mit Melonen und

Schwimmender Verkaufsstand auf dem Cai Rang Floating Market

Erstaunlich geschickt steuern die Bootsführer ihre hölzernen Gefährte durch die manchmal enorm schmalen Kanäle – liegen doch manche Wohnhäuser und Pfahlbauten weit vom großen Strom entfernt. Wer das Mekongdelta abseits der ausgetretenen Pfade erleben möchte, ist gut beraten, sich in einem der Hotels der 500 000-Einwohner-Stadt einzuquartieren, die das politische, wirtschaftliche und kulturelle Zentrum des Deltas bildet.

Ananas, Gurken und Suppentöpfen schwer beladene Ruder- oder Longtailboote den Mekong nahe der Da-Sau-Brücke (ca. 6 km vom Zentrum entfernt).

Stundenlang kann man dem Treiben zusehen – am besten mieten Sie sich im Zentrum von Can Tho nahe dem Markt ein Boot. Zwischen Sonnenaufgang und ungefähr 8 Uhr herrscht das größte Treiben, nach 9 Uhr lässt das Geschehen dann wieder nach.

> *www.marcopolo.de/vietnam*

SAIGON UND DER SÜDEN

ESSEN & TRINKEN

NAM BO

Vom ☼ Balkon im 2. Stock aus können Sie das Geschehen auf dem großen Obstmarkt verfolgen. Gute vietnamesische und europäische Gerichte kommen in großen Portionen auf den Tisch. *50 Hai Ba Trung | Tel. 071/82 39 08 | €*

ÜBERNACHTEN

HAU GIANG B HOTEL

Eine einfache und preiswerte Unterkunft, gut geeignet für Reisende mit festem Budget. Das erste, größere Hotel dieser Kette *(34 Nam Ky Khoi Nghia | Tel. 071/82 18 51)* mit großem Lokal ist ebenfalls empfehlenswert; dort gibt's auch ein Internetcafé. *8 Zi. | 27 Chau Van Liem | Tel. 071/82 19 50 | Fax 82 18 06 | beide €*

VICTORIA CAN THO HOTEL

Auch wenn Sie hier nicht übernachten, gönnen Sie sich einen Sundowner auf der ☼ Terrasse. Genießen Sie den Blick auf den quirligen Fluss oder den Tropengarten – von den Zimmern des kolonial angehauchten Hauses aus natürlich am schönsten zu erleben. *92 Zi. | Cai Khe Peninsula | Tel. 071/81 01 11 | Fax 82 92 59 | www.victoriahotels-asia.com | €€€*

AM ABEND

Wie wäre es mit einem ==Ausflug auf dem Hau-Giang-Fluss== *(Insider Tipp)* mit den Ninh-Kieu-Booten voller Lichterketten? Ein traditionell-vietnamesisches Vergnügen mit (chinesischen) Opernarien und herzzerreißenden Liebesliedern. Die Boote legen jeden Abend

MARCO POLO HIGHLIGHTS

★ **Cai Rang Floating Market**
Buntes Händlertreiben auf dem Wasser – in Can Tho (Seite 78)

★ **Cho Lon**
In Saigons Chinesenviertel pulsiert das Leben (Seite 81)

★ **Chua Ngoc Hoang**
Himmel und Hölle liegen im wichtigsten Tempel von Saigon nah beieinander (Seite 82)

★ **Historisches Museum**
Auf den Spuren vergessener Kulturen in Saigon (Seite 83)

★ **Bootstour im Mekongdelta**
Unterwegs auf dem mächtigen Fluss: Wer richtig in Vietnam gewesen sein will, sollte eine solche Fahrt auf keinen Fall verpassen (Seite 91)

★ **Cao-Dai-Tempel**
Kunterbunte Architektur in Tay Ninh (Seite 91)

★ **Nha Trang**
Beachlife und Touristentreff – eine Nizza-Ibiza-Mischung am Südchinesischen Meer (Seite 92)

★ **Mui Ne**
Paradies für Strandläufer und Surfer (Seite 95)

★ **Ha Tien**
Die altehrwürdige Stadt liegt in einer malerischen Landschaft, der „Ha-Long-Bucht des Südens" (Seite 100)

CHAU DOC

um 19–22 Uhr von der nördlichen Uferpromenade ab.

■ AUSKUNFT

Can Tho Tourist | 20 Hai Ba Trung | Tel. 071/82 42 21 | Fax 81 09 56 | www.canthotourist.com.vn

CHAU DOC

[130 B4] In der behäbigen 100 000-Einwohner-Stadt an der kambodschanischen Grenze verläuft der Alltag noch in sehr ruhigen Bahnen. Gemütlich tuckern Longtailboote über den Hau Giang River, von den Decks der Hausboote, die auf leeren Ölfässern schwimmen, springen Kinder ins Wasser. Unter den Hausbooten befinden sich oftmals Netze, in denen Hunderttausende Welse gezüchtet werden, die dann in kleinen Fischfabriken in Chau Doc zerlegt und tiefgekühlt in die USA transportiert werden. Außerdem ist Chau Doc Zentrum der vietnamesischen Seidenproduktion. Die Stadt gilt als Schmelztiegel der Kulturen, denn hier leben neben den muslimischen Cham auch zahlreiche Chinesen und Khmer.

Mit täglich verkehrenden Schnellbooten gelangt man vom Mekongdelta über die Grenze nach Kambodscha: Direkt nach Phnom Penh und zurück fahren das *Cawaco-Speedboat (tgl. 7.30 Uhr | Fahrtdauer 4 Stunden | ca. 30 Euro | www.cawaco.com.vn)*, das öffentliche *Tu-Trang-Speedboat (tgl. 7 Uhr | Fahrtdauer ca. 4 Stunden)* sowie das Speedboat des Victoria-Hotels, die *Victoria Sprite (tgl. 7 Uhr | nur für Hotelgäste | ca. 50 Euro | Fahrtdauer 5 Stunden | www.victoriahotels-asia.com).*

■ SEHENSWERTES

CHAU GIANG

Wer den Fluss mit der Fähre oder Privatbooten überquert, gelangt in den Cham-Weiler Chau Giang. An der Anlegestelle wird man von einigen Cham-Webern empfangen. Sie füh-

Chaos mit Spaßfaktor: im kunterbunten Verkehrskarussell von Saigon

AIGON UND DER SÜDEN

ren die Besucher gern in ihre jahrhundertealte Webkunst und -kultur ein und verkaufen kunstvolle, fein gemusterte Wickelröcke für wenig Geld. Nach einem Gang durch den kleinen Ort gelangen Sie zur *Chau-Giang-Moschee*, die dank der Kuppeln und des Turms nicht zu übersehen ist. Vom ☸ Turm genießen Sie einen phantastischen Blick über den Ort und den Fluss. *Fähre ab Anlegestelle Chau Chiang in Chau Doc ca. alle 5–15 Minuten*

NUI SAM ☸

Von diesem 3 km außerhalb der Stadt gelegenen, 230 m hohen Berg können Sie einen schönen Blick auf die umliegenden Hügel und Reisfelder sowie auf das kambodschanische Grenzgebiet genießen. Bei Sonnenuntergang wirken die vielen kleinen Tempel und Pagoden besonders geheimnisvoll. Zum Neujahrsfest und zum alljährlichen Via-Ba-Fest (Mai/Juni) strömen um Mitternacht Tausende Gläubige auf den Nui Sam – Daoisten, Cao-Dai-Anhänger und Christen ebenso wie Buddhisten und Muslime.

■ ESSEN & TRINKEN

LAM HUNG KY
Nahe dem Markt gelegenes Einheimischenlokal mit vietnamesischer und chinesischer Küche. *71 Chi Lang | Tel. 076/86 67 45 | €*

MEKONG
Hier können Sie im Innenhof einer Kolonialvilla klassische vietnamesische Gerichte speisen. *41 Le Loi (gegenüber dem Victoria Hotel) | Tel. 076/86 73 81 | €–€€*

■ ÜBERNACHTEN

VICTORIA HOTEL ☸
Das Hotel verfügt über schöne Zimmer mit Flussblick von den Steinbalkonen. Phantastische vietnamesisch-französische Küche. *93 Zi. | 32 Le Loi | Tel. 076/86 50 10 | Fax 86 50 20 | www.victoriahotels-asia.com | €€€*

HO-CHI-MINH-STADT (SAIGON)

 KARTE IN DER HINTEREN UMSCHLAGKLAPPE

[130 C3] Saigon mit seinen 5,3 Mio. Einwohnern ist das alte und neue Kraftzentrum der Republik Vietnam. Während Hanoi auf eine fast 1000-jährige Geschichte zurückblicken kann, sind nur etwas über 300 Jahre vergangen, seit die Vietnamesen 1674 am Ende ihres langen Zuges nach Süden jenen Ort erreichten, der heute Ho-Chi-Minh-Stadt heißt. Vietnams größte Stadt, die in 17 Bezirke *(quan)* eingeteilt ist, hat sich viel von ihrem Charme aus der französischen Kolonialzeit erhalten. Ganz anders präsentiert sich das Saigon von heute: eine quirlige Metropole, in der sich Millionen Mopeds drängen. Zwischen Lastern und Bussen versuchen sich Rikschas und Fußgänger ein wenig Platz zu erkämpfen – ein einziges waberndes, knatterndes Chaos. Mittendrin befinden sich bunte Tempel oder Pagoden und Märkte wie *Binh Tay* in Saigons „Chinatown", dem westlichen Stadtbezirk ★ *Cho Lon*. Cho Lon war früher eine eigene Stadt, der Name bedeutet „Großer

HO-CHI-MINH-STADT (SAIGON)

Markt". Hier trieben vor rund 300 Jahren die aus Südchina geflüchteten Chinesen Handel, und so tun es auch ihre Nachfahren – auf den Bürgersteigen, in den engen Gassen und in der mehrgeschossigen Markthalle. Eine Fahrt mit dem Cyclo, der Fahrradriksha, führt durch den für Europäer recht eigenwilligen und manchmal atemberaubenden Verkehr.

SEHENSWERTES

ALTE OPER/STADTTHEATER [U E3]

Entstanden um die Wende zum 20. Jh. und erstmals in den 1940er-Jahren renoviert, wurde das Gebäude nach 1956 als Versammlungshalle für einen Teil des südvietnamesischen Parlaments genutzt. Seit 1975 dient es – auch „Saigon Concert Hall" genannt – wieder als Theater. *Dong Khoi/Ecke Le Loi*

CHUA GIAC LAM [0]

Giac Lam, die älteste Pagode Saigons, wurde 1744 erbaut. Zehn Mönche leben in dem Gebäude, das daoistische und konfuzianische Einflüsse widerspiegelt. Auffallend sind 118 vergoldete Holzstatuen, u. a. verschiedene Darstellungen des Buddha, sowie die kunstvollen Schnitzarbeiten am Altar und den 98 Säulen, die das Dach der Haupthalle stützen. *118 Lac Long Quan, 3 km nordwestlich von Cho Lon*

CHUA NGOC HOANG ★ [U D1]

In der wichtigsten Pagode Saigons verehren die Daoisten Ngoc Hoang, den mächtigen Jadekaiser. Doch haben hier auch buddhistische Gottheiten ihren Platz gefunden, weshalb der Haupteingang mit den Wächterfiguren zunächst zu einem buddhistischen Altar mit Bodhisattva-Darstellungen und der Buddha-Trinität Tam Phat führt. Erst dann gelangt man in die Haupthalle mit der Statue des Jadekaisers, der von seinen Ministern Bac Dau und Nam Tao sowie vier Wächtergestalten umgeben ist. Den

Chua Ngoc Hoang: In der Pagode des Jadekaisers beten Gläubige auch zu Buddha

SAIGON UND DER SÜDEN

Seitenraum links des Altars beherrscht der Höllenfürst Thanh Hoang. Die daneben stehenden Figuren demonstrieren die Qualen der zehn Höllen. Doch der Himmel ist nicht weit entfernt. Auf der anderen Seite befinden sich die Darstellungen der barmherzigen Bodhisattva Dia Tang Vuong und der gnädigen Quan Am. Sie mildern die Folterqualen und erlösen die Seelen der Verstorbenen. *73 Mai Thi Luu, nördlich des Zentrums*

CHUA QUAN AM [O]

1816 errichtete die Fujian-Gemeinde diese der barmherzigen Göttin Quan Am gewidmete Pagode, eine der meistbesuchten und schönsten in Cho Lon. Auf dem ersten Hauptaltar wird Thien Hau, die Himmelskönigin und Beschützerin der Seeleute, verehrt, neben ihr Thich Ca, der historische Buddha (auch: Sakyamuni). Dieser geht zurück auf die historische Gestalt Buddhas in Indien, Siddharta Gautama, und ist gleichzeitig Buddha der Gegenwart. An der Seite lächelt zufrieden Di Lac, der Buddha der Zukunft. Hinten im offenen Hof steht die weiß gekleidete Quan Am, flankiert von General Bao Cong, Höllenfürst Thanh Hoang und Finanzgott Than Tai. *12 Lao Tu*

CHUA THIEN HAU [O]

Die Legende besagt, dass Thien Hau, die Schutzgöttin der Fischer und Seeleute, auf einer Matte über die Ozeane reisen und rittlings auf Wolken überallhin gelangen kann. Die Pagode wurde der Göttin zu Ehren von der kantonesischen Gemeinde im frühen 19. Jh. errichtet. Sie gilt vor allem wegen ihrer herrlichen Dachgestaltung mit vielen bunten Keramikgestalten – dargestellt sind unter anderem lauter kleine Teufel – als die schönste Pagode Cho Lons. *710 Nguyen Trai/Ecke Trieu Quang Phuc, im Zentrum Cho Lons*

HAUPTPOSTAMT [U D3]

Das 1886–91 in der Kolonialzeit entstandene Hauptpostamt beeindruckt durch eine himmelhohe gusseiserne Deckenkonstruktion, viel Glas, alte Landkarten, Deckenventilatoren und Kronleuchter. *Dong Khoi (gegenüber der Kathedrale)*

HISTORISCHES MUSEUM [U E2]

Ein Besuch des schönen Gebäudes lohnt sich wegen der Vielzahl interessanter Exponate, zu denen auch eine bronzezeitliche Trommel der Dong-Son-Dynastie gehört. Besonders beachtenswert sind die Räume Nr. 6 mit Keramiken aus der Le-Dynastie, Nr. 7 und Nr. 8 mit Schiffsmodellen, Kleidungsstücken und Instrumenten der Tay-Son-Dynastie sowie Nr. 9 mit Keramikvasen aus verschiedenen asiatischen Ländern. In Raum Nr. 12 steht der Dong-Duong-Bronzebuddha aus der frühen Cham-Zeit. Im Museum finden Aufführungen des Wasserpuppentheaters statt (um 9, 10, 11, 14, 15 und 16 Uhr, nahe Raum Nr. 10). *Di–So 8–11, 13.30–16.30 Uhr | Eintritt 0,75 Euro | Fotografieren ist nicht gestattet | 2 Nguyen Binh Khiem*

HO-CHI-MINH-MUSEUM [U E4]

Im 1863 erbauten „Drachenhaus" Nha Rong an der Mündung des Ben-Nghe-Kanals in den Saigon River heuerte 1911 ein junger Kommunist

HO-CHI-MINH-STADT (SAIGON)

namens Ho Chi Minh alias Ba an, um als Küchenjunge auf dem Passagierdampfer „Admiral Latouche Tréville" zu arbeiten. An diese und andere Phasen im Leben des großen Revolutionärs erinnert das interessante Museum. *Tgl. 7.30–11.30, 13.30–17 Uhr | Eintritt 0,50 Euro | 1 Nguyen Tat Thanh*

Ho-Chi-Minh-Statue vor dem Rathaus

HÔTEL DE VILLE (RATHAUS)　　　　[U D3]
1901–08 entstand das „Hôtel de Ville", das Rathaus von Saigon. Heute ist es Sitz des Volkskomitees von Ho-Chi-Minh-Stadt. *Am nördlichen Ende der Nguyen Hue*

KATHEDRALE NOTRE DAME　　　　[U D3]
Die Kathedrale steht am nördlichen Ende der Dong Khoi. Das neoromanische Gotteshaus wurde 1877–83 aus rötlichem Backstein erbaut. Auffallend sind die zwei hohen quadratischen Türme mit eisernen Spitzen. Messen finden tgl. um 5.30 und 17 Uhr, So auch um 9.30 Uhr statt.

KRIEGSRELIKTEMUSEUM　　　　[U C3]
Für die Ausstellung braucht man bisweilen starke Nerven. Detailliert wird auf die Massaker eingegangen, die die Amerikaner im Vietnamkrieg an der vietnamesischen Bevölkerung verübten, wie zum Beispiel in My Lai. Ferner werden die Auswirkungen der chemischen Kampfstoffe und der Dioxinvergiftungen gezeigt. Im Hof des Gebäudes stehen erbeutete Panzer, Hubschrauber und Flugabwehrgeschütze. *Tgl. 7.30–12, 13.30 bis 17 Uhr | Eintritt 0,75 Euro | 28 Vo Van Tan/Ecke Le Qui Don*

KUNSTMUSEUM　　　　[U D4]
Wo einst Agenten der amerikanischen CIA Quartier bezogen hatten, wird heute vietnamesische Kunst des 20. Jhs. gezeigt. In der renovierten Villa aus der Gründerzeit sind u. a. Statuen aus Porzellan, Keramik und Bronze, Gemälde des sozialistischen Realismus und Designermöbelstücke zu sehen. *Di–So 9–17 Uhr | Eintritt 0,50 Euro | 97 Duc Chinh*

SAIGON UND DER SÜDEN

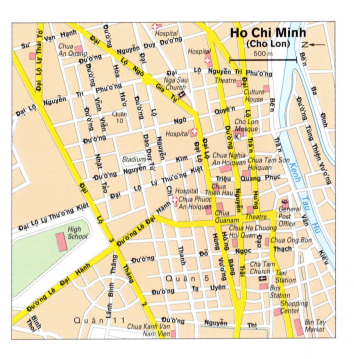

PALAST DER EINHEIT [U D3]

Der „Palast der Einheit" (Hoi Truong Thong Nhat) steht auf den Fundamenten des 1862 errichteten Palais Norodom, das seinerzeit als französischer Gouverneurssitz diente. 1962 flog ein südvietnamesischer Pilot einen Angriff auf das Palais, um den verhassten Präsidenten Ngo Dinh Diem zu töten. Als Nachfolgebau entstand vier Jahre später das „Weiße Haus Südvietnams", das am 30. April 1975 vor den Augen der Weltpresse von nordvietnamesischen Panzertruppen gestürmt wurde. *Tgl. 7.30 bis 11, 13–16 Uhr | Eintritt 1 Euro | der Besuchereingang befindet sich in der Nam Ky Khoi Nghia*

■ ESSEN & TRINKEN

LA CAMARGUE [U D2]

In dem schön renovierten alten Holzhaus wird auf der Veranda exklusive französische Küche serviert. *16 Cao Bau Quat | Tel. 08/824 31 48 | €€€*

CHU BAR ▶▶ [U E3]

Interessanter Mix: tagsüber nettes Café mit Imbissen, z. B. Nudelsuppen oder Sandwiches, abends einer der Szenetreffs, in denen Zigarren qualmen und edle Weine fließen. *158 Dong Khoi | Tel. 08/822 39 07 | €€*

HOI AN [U E3]

Dinieren bei traditioneller vietnamesischer Musik: gehobenes Lokal mit

HO-CHI-MINH-STADT (SAIGON)

antikem Ambiente in einer wunderschönen Teakvilla auf zwei Etagen. Ente im Hoi-An-Stil, Seafood und Fisch, vegetarische Gerichte und Menüs ab 16 Euro. Reservieren! *11 Le Thanh Ton | Tel. 08/823 76 94 | €€€*

Blumiges aus der Boutique

NAM KHA [U E3]

Elegantes Lokal mit antiken Statuen und Säulen um ein kleines Bassin und den vietnamesischen Klassikern als Menü (23–46 Euro) oder à la carte. Im 2. Stock Di, Mi und Sa abends Pianobegleitung. *46–50 Dong Khoi | Tel. 08/823 83 09 | www.khaisilk corp.com/events.htm | €€–€€€*

TELL [U E2]

Für alle, die (kulinarisches) Heimweh bekommen: typisch deutsch-schweizerische Küche in einem netten, ruhigen Gartenlokal beim Zoo. *5 Nguyen Binh Khiem | Tel. 08/829 88 69 | €€*

TEMPLE CLUB [U E4]

Insider Tipp

Eine Treppe führt durch den unscheinbaren Hausflur hoch in die Villa. Im rustikalen Ziegelsteinambiente speist man hervorragende vietnamesische Kost wie Grillfisch im Bananenblatt *(ca nuong la chuoi)* und hausgemachte Hue-Küchlein *(banh dau xanh hue)*. Gemütliche Loungebar. *29–31 Ton That Thiep | Tel. 08/829 92 44 | €€€*

■ EINKAUFEN

Überall sind T-Shirts für ca. 2 Euro erhältlich, so auch an der *Nguyen Hue* [U E3-4]. Seidenkleidung wie die traditionellen Ao-Dai-Gewänder gibt es z. B. auf dem *Ben-Thanh-Markt* [U D4], bei *Vietsilk (21 Dong Khoi)* [U E3] oder bei *Ao Dai Si Hoang (36 Ly Tu Trung)* [U D3].

BEN-THANH-MARKT [U D4]

Der Hauptmarkt von Saigon. Die 1914 erbauten Hallen mit einem 28 m hohen Kuppeldach überspannen mehr als 10 000 m² Verkaufsfläche. Zu kaufen gibt es nahezu alles. *Ecke Le Hoi/Ham Nghi (gegenüber dem Kreisverkehr an der Tran-Nguyen-Han-Statue)*

NGUYEN FRÈRES [U E3]

Insider Tipp

Vollgestopfter offener Laden, herrlich zum Stöbern: Handwerk und Webarbeiten der Bergvölker, Wasserpuppen, Buddhas, Taschen, Seidenschals, Schmuck, Lackwaren und Keramik, sogar Möbel und Lampen. *2 Dong Khoi (nahe dem Saigon-Fluss); weiterer Laden: 2 Le Duan* [U D3]

■ ÜBERNACHTEN

In der *Pham Ngu Lao* [U D4] hat sich eine Szene mit Guesthouses, Cafés und Bars, Reisebüros, Bankschal-

> *www.marcopolo.de/vietnam*

SAIGON UND DER SÜDEN

tern, Schneidern, Souvenirshops usw. etabliert. Nirgendwo sonst im Land kann man so gut und billig zugleich übernachten wie hier. Die Minihotels sind fast alle von guter Qualität.

CONTINENTAL HOTEL [U E3]
Der Hauch der großen weiten Welt durchweht das älteste Hotel Saigons, das schon 1885 gebaut wurde. Prominente Persönlichkeiten wie Somerset Maugham und Graham Greene gaben sich hier die Ehre und verliehen dem Haus das Ansehen eines internationalen Grandhotels. Hübscher Innenhof. *87 Zi. | 132–134 Dong Khoi | Tel. 08/829 92 01 | Fax 824 17 72 | www.continentalvietnam.com | €€€*

HO SEN HOTEL [U E3]
Das kleine, zentral gelegene „Lotussee"-Hotel bietet auf sieben Etagen angenehme Zimmer mit Lift und Satelliten-TV, teils mit Flussblick. Kleines Lokal. *45 Zi. | 4 B–4 C Thi Sach | Tel. 08/823 22 81 | Fax 829 18 49 | www.hosenhotel.com.vn | €€*

KIM DO ROYAL CITY HOTEL [U E3]
Gestalterischer Mix aus asiatischen Rattansesseln, Mahagonimöbeln und japanisch strengem Teakdesign. Buchen Sie unbedingt übers Internet, dann gibt es bis zu 40 Prozent Rabatt. *132 Zi. | 133 Nguyen Hue | Tel. 08/822 59 14 | Fax 822 59 13 | www.kimdohotel.com | €€–€€€*

LE LE HOTEL ❄ [U D4]
Mitten im lebhaften Backpackermilieu: Das siebenstöckige Hotel hat helle, saubere und unterschiedlich große Zimmer, teils mit Aussicht vom Balkon zur lauten Straße (Minibar, Klimaanlage oder Ventilator, Satelliten-TV, Telefon). Nach hinten liegen die billigeren, aber ruhigeren Zimmer. *40 Zi. | 171 Pham Ngu Lao | Tel. 08/836 86 86 | Fax 836 87 87 | www.vngold.com/hcm/lelehotel | €*

MADAME CUC MINIHOTELS [U C5]
Einfache, gefliese Zimmer mit Bad, teils Balkon (nach hinten ruhiger), Satelliten-TV, Kühlschrank, Klimaanlage. Inklusive zwei Mahlzeiten, Kaffee, Tee, Saft sowie Obst zu jeder Zeit, Airport-Abholung und Tourinfos. *20 Zi. | 127 Cong Quynh | Tel.*

▶ LOW BUDGET

> ▶ Das *Lac Canh* in Nha Trang ist ein Open-Air-Lokal mit dem Charme einer Bahnhofshalle, aber abends wird es voll. Meeresfrüchte (ab 2 Euro), Hühnchen, Rindfleisch-BBQ (ab 1,50 Euro). *44 Nguyen Binh Khiem | Nha Trang | Tel. 058/82 13 91*

> ▶▶ **Jungle Beach Resort:** Superbreiter Strand, spartanische All-inclusive-Hütten (Wände aus Rollos, Gemeinschafts-WC), ca. 17 Euro, drei vegetarische Mahlzeiten inklusive. *Hon-Khoi-Halbinsel, rund 60 km nördlich von Nha Trang (Abzweigung bei Ninh Hoa beim Dorf Ninh Phuoc) | Tel. 058/62 23 84, mobil 09 13 42 91 44 | syl@dng.vnn.vn*

> ▶ *Den Gion Ninh Chu Resort:* Einsam in der Woche, ca. 18 Euro (Wochenende ab 25 Euro). Bungalows am Strand oder im Garten mit schickem Bad, Pool, Zeltplatz, Open-Air-Strandlokal. *Ca. 5 km außerhalb von Phan Rang | Tel. 068/87 40 47 | Fax 87 44 31 | www.dengionninhchu.com*

HO-CHI-MINH-STADT (SAIGON)

08/836 87 61 | Fax 836 06 58 | ma damecuc@hcm.vnn.vn | €

REX HOTEL [U E3]
Hier war einst das Hauptquartier des US Information Service untergebracht. 1985 wurde das Rex zum First-Class-Hotel mit Friseur, Kosmetiksalon, Akupunkturpraxis und anderen Annehmlichkeiten umgestaltet. Dachgarten mit Minipool im 6. Stock. *230 Zi. | 141 Nguyen Hue | Tel. 08/829 21 85 | Fax 829 65 36 | www.rexhotelvietnam.com | €€€*

THIEN XUAN HOTEL [U D4]
Unterschiedlich große, durchweg schöne Zimmer, Stuckdecken, teils Balkon (nach vorn gelegen, laut), freundlich-professioneller Service. *60 Zi. | 108–110 Le Thanh Ton | Tel. 08/824 56 80 | Fax 823 68 07 | www.thienxuanhotel.com.vn | €–€€*

■ FREIZEIT & SPORT

L'APOTHIQUAIRE DAY SPA [U D3]
Eines der besten Tages-Spas, nahe dem Rex Hotel sowie in einer alten Villa (Abholservice). *63 Le Thanh Ton | Tel. 08/822 12 18 und 64 A Truong Dinh | Tel. 08/932 51 81 | tgl. 9 bis 20 Uhr | www.lapothiquaire.com*

GOLF
Vietnam Golf & Country Club: Der 36-Loch-Platz liegt 15 km östlich der Innenstadt. Greenfee wochentags ab ca. 36 Euro, Übungsrunde ca. 11 Euro. Auch Tennis. *Long Thanh My Ward/Village | Tel. 08/280 01 01 | Fax 280 01 27 | www.vietnamgolfcc.com [O]*

Rach Chiec Driving Range: 18 Loch, 10 km von der Innenstadt Richtung Phan Thiet. Monatsmitgliedschaft ca. 77 Euro, Schläger und Schuhe begrenzt ausleihbar, Trainerstunden möglich. *An Phu Village | Tel. 08/896 07 56 | Fax 896 17 15 [O]*

■ AM ABEND

CAFÉ NIRVANA [U D2]
Wer sich unter die Vietnamesen mischen möchte, ist in diesem romantischen Gartencafé bestens aufgehoben. Nur Bier, Softdrinks, Kaffee, Tee, Joghurt und Eis sowie Nudelgerichte, dafür gelegentlich Piano und Violinen live. *37 Nguyen Dinh Chieu | tgl. 18–24 Uhr*

CARMEN BAR [U E3]
In der schummrigen Atmosphäre treten Livebands auf, vorwiegend gibt's Latinoklänge und Flamenco zu Cocktails, Bier, Wein, Whisky. Am Wochenende brechend voll. *8 Ly Tu Trong | tgl. 17–24 Uhr*

HOA VIEN BRAUHAUS & RESTAURANT [U E4]
Tschechischer Biergarten mit Mikrobrauerei, eine bei jungen Reisenden sehr beliebte Adresse. *28 Bis Mac Dinh Chi | tgl. 6–24 Uhr*

MECCA CLUB & LOUNGE [U E4]
Schicke Disko, große Loungezone, DJs aus aller Welt. *129 A Nguyen Hue | tgl. 19–24 Uhr*

Q BAR ▶▶ [U E3]
Ein echter Szene-Hotspot. Das Interieur ist eine Mischung aus Art déco, Gewölbekeller, Mittelmeerhotel und Postmoderne. *7 Lam Son (gegenüber dem Caravelle Hotel) | tgl. 18–24 Uhr*

> www.marcopolo.de/vietnam

SAIGON UND DER SÜDEN

SAX 'N' ART CLUB [U D3]
Kleiner, gemütlicher Jazzclub des Saxofonisten Tran Manh Tuan. Große Leinwand und Jazzvideos, die man zu den Cocktails ansehen kann, bis die Livebands ab 21 Uhr loslegen. Happy Hour 17–20 Uhr. *28 Le Loi | www.saxnart.com | tgl. 17–24 Uhr*

STADTTHEATER [U E3]
Gymnastikvorführungen im Kaderstil, hochwertiges vietnamesisches Theater, Klassik, Ballett und Rock-/Popkonzerte. *Tgl. 20 Uhr | Karten ab 3 Euro | Dong Khoi/Ecke Le Loi (in der Alten Oper) | Tel. 08/925 22 65*

WASSERPUPPENTHEATER [U D3]
Ein schönes, großes Wasserpuppentheater mit 200 Sitzplätzen ist das *Rong Vang Water Puppet Theatre (55 B Nguyen Thi Minh Khai | Tel. 08/930 21 96 | Aufführungen tgl. 18.30 und 20 Uhr | Eintritt 3 Euro).*

Wasserpuppentheater gibt es außerdem tagsüber im Historischen Museum.

■ AUSKUNFT

Far East Tourist | 158 Le Lai (nahe Pham Ngu Lao) | Tel. 08/925 60 99 | Fax 925 61 00, mobil 09 03 30 79 87 | www.fareasttourist.com [U C4]

Saigon Tourist | 49 Le Thanh Ton | Tel. 08/829 81 29 | Hotline 08/824 45 54 | Fax 822 49 87 | www.saigon-tourist.com | www.saigontourist.net [U E3]

■ ZIELE IN DER UMGEBUNG

CAT-TIEN-NATIONALPARK [131 D3] *Insider Tipp*
Endlos erscheinen die Industrieviertel im Norden von Saigon, durch die man fahren muss, bis man – zunächst

Auch abends knattert der endlose Strom der Mopeds durch die Stadt

HO-CHI-MINH-STADT (SAIGON)

auf dem Highway 1, dann auf der Landstraße 20 – nach rund 150 km am Tor des tropischen Cat-Tien-Nationalparks ankommt. Dank seiner Sümpfe, Savannen, Berge und Tiefebenen ist der Park landschaftlich höchst interessant. Aber dass das Gebiet vom World Wildlife Fund mitbetreut wird, hat noch einen anderen Grund: Hier befinden sich eines der letzten Rückzugsgebiete des indochinesischen Tigers und eine von weltweit nur noch zwei Populationen des Java-Nashorns. Ferner kommen Leoparden und seltene Tiere wie der Gaur, ein Ur-Rind, vor. Es leben außerdem 300 Vogelarten im Park, der deshalb auch für Ornithologen sehr sehenswert ist. Mit einem Guide können Sie für ca. 10 Euro pro Tag auf Beobachtungstour gehen. Übernachtung in einfachen Unterkünften (€) am Parkeingang. Auskunft erhält man bei der *Nationalparkverwaltung (Tel. 061/66 92 28 | Fax 66 91 59)*.

CU CHI [130 C3]

Gleich auf den ersten Blick wird der Schrecken des Kriegs ins Gedächtnis zurückgerufen: Am Eingang des Tunnelsystems von Cu Chi im Dorf *Ben Dinh* (ca. 60 km westlich von Saigon) reckt ein rostiger Panzer drohend das Rohr, gleich daneben steht ein Kampfhelikopter. Der Besuchereingang führt in ein 50 m langes restauriertes, feuchtkühles und trotz künstlicher Verbreiterung noch immer ziemlich enges Tunnelstück hinab. Die unterirdischen Gänge des Vietcong waren einst 250 km lang, erstreckten sich über ein Gebiet von 400 km^2 und besaßen Kantinen, Krankenhäuser und Aufenthaltsräume – alles bis zu 10 m unter der Erde. Die Tunnel waren so eng gegraben, dass kein Nichtvietnamese durchpasste. Oft brachten hier Frauen im Schutz der Tiefe ihre Kinder zur Welt, man hielt sich dort wochenlang auf. Die ersten Tunnel waren übrigens 1948 im Kampf gegen die Franzosen gegraben worden.

Rund um das Tunnelstück sorgen heute zahllose Souvenirbuden und ein Schießstand für Kurzweil. Ein Freilichtmuseum mit Gedenkstätte erinnert an die Kriegsereignisse.

Im Dorf Ben Dinh ist ein Stück des Vietcong-Tunnels zu sehen

SAIGON UND DER SÜDEN

Eintritt 3,50 Euro | an der Nationalstraße N 22 nach Tay Ninh

MY THO [130 C4]

Der erste geschäftige Außenposten des Mekongdeltas ist die Provinzhauptstadt My Tho (180 000 Ew.), die ungefähr 70 km südlich von Saigon liegt und nach einer zweistündigen Fahrt durch fruchtbare Reisfelder zu erreichen ist. Von hier aus können Sie auf bequeme Weise eine ⭐ *Bootstour im Mekongdelta* unternehmen. Unzählige Privatleute werben lautstark an der Uferstraße *30 Thang 4* unweit der Touristeninformation um Kundschaft. Laut knatternd zwängen sich die Longtailboote mit ihren langen Schiffsschrauben durch oftmals winzige Kanäle, vorbei an Tempelchen und bunten Märkten, an Kokospalmenhainen und Bananenplantagen. Mögliche Ziele sind der *Schwimmende Markt von Cai Be* oder die Inseln *Con Phung* (Insel des Kokosnussmönchs) und *Thoi Son*. Den Preis sollte man aushandeln; mehr als 5 bis 7 Euro für zwei Stunden pro Boot sollten Sie jedoch nicht bezahlen.

Auskunft: *Chuong Duong Tourist | Haus Nr. 8 in der Straße 30 Thang 4 | Tel. 073/87 31 84 und 87 34 77*

TAY NINH [130 C3]

Tay Ninh (42 000 Ew.), 95 km westlich von Saigon gelegen, ist die Hauptstadt der gleichnamigen Provinz und seit 1927 der Hauptsitz der Religionsgemeinschaft Cao Dai. Man mag die Religion der Cao Dai als schrillen Mix abtun – doch schon allein der Architektur wegen sollten Sie dem ⭐ *Cao-Dai-Tempel* einen Besuch abstatten. Er steht im Dorf Long Hoa, ca. 4 km östlich des Stadtzentrums, auf einem über 100 km² großen Gelände (dem „Heiligen Stuhl"), das zeitweilig von bis zu 100 000 Anhängern bewohnt wurde.

Ein bisschen Kathedrale, ein bisschen Moschee: der Cao-Dai-Tempel bei Tay Ninh

Der Tempel selbst ist eine Mischung aus doppeltürmiger Kathedrale, Pagode mit Rundturm und Moschee mit Kuppeldach. Im Inneren fallen der tiefblaue Himmel mit Sternen aus Spiegelglas, die drachenumschlungenen Säulen, der achteckige Altar und die Weltkugel auf. Viermal täglich – um 6, 12 und 18 Uhr sowie um Mitternacht – findet die Gebets-

NHA TRANG

zeremonie statt, die Touristen von der Balustrade aus beobachten dürfen. Da die Vormittagszeremonien stark überlaufen sind, ist es ratsam, das Abend- bzw. Nachtgebet zu besuchen.

Einen hervorragenden Ausblick können Sie von dem Vulkankegel des ca. 15 km nordöstlich des Stadtzentrums gelegenen, fast 1000 m hohen

NHA TRANG

[131 F2] ★ Rasant entwickelt sich die malerische Küstenstadt Nha Trang mit ihren 300 000 Einwohnern zu einem Zentrum der Touristenszene und zu einer Nizza-Ibiza-Mischung Vietnams. Die eigentliche Anziehungskraft gewinnt Nha Trang durch seine geografische Lage. In einer weiten Bucht am Süd-

Ein Garten für Buddha: Long-Son-Pagode in Nha Trang

Nui Ba Den (Berg der Schwarzen Frau) genießen. Er war einst eine heilige Stätte der Khmer und wird auch heute noch von Wallfahrern besucht.

Auskunft/Übernachtung: *Tay Ninh Tourist* (Tel. 066/82 23 76) unterhält ein kleines Büro im einfachen *Hoa Binh Hotel* (57 Zi. | Nr. 210 in der Straße 30 Thang 4 | Tel. 066/82 23 83 | Fax 82 23 45 | €).

chinesischen Meer gelegen, wird die Stadt im Norden von einer kleinen Bergkette mit dem Son-Berg begrenzt. Vor der Küste liegen kleine grüne Inseln, wie geschaffen zum Träumen unter Palmen. Scheinbar endlos zieht sich die Uferpromenade Tran Phu über mehr als 5 km am Strand hin. Im Süden mündet sie in den idyllischen Fischerhafen Cau Da.

> www.marcopolo.de/vietnam

SAIGON UND DER SÜDEN

■ SEHENSWERTES

LONG-SON-PAGODE

Hier wird Kim Than Phat To verehrt, der weiße Buddha, der auf einem Hügel hinter der Pagode weithin sichtbar sitzt. 152 Steinstufen führen von Long Son hinauf, vorbei an einem riesigen liegenden Buddha. Die Pagode selbst wurde im späten 19. Jh. gebaut. Der Altar ist von bunten Drachen gesäumt, die sich um seitliche Säulen winden. *Thai Nguyen, ca. 500 m westlich vom Bahnhof*

PO NAGAR

Wahrzeichen von Nha Trang ist der Cham-Tempel Po Nagar auf einem Hügel im Norden der Stadt. Er besteht aus vier Türmen und wurde vermutlich zwischen dem 9. und dem 13. Jh. gebaut wurde. Er ist Po Ino Nagar geweiht, der Schutzgöttin der Stadt, einer Inkarnation Shivas. Von der Anlage haben Sie eine gute Aussicht über den Hafen mit bunt bemalten Fischkuttern. *Tgl. 6–18 Uhr | Eintritt 0,25 Euro*

■ ESSEN & TRINKEN

NGOC SUONG

Gemütliches Restaurant mit Außenbereich. Sehr guter Service, vorzügliche Fischküche und ein ausgezeichnetes Preis-Leistungs-Verhältnis verwöhnen die Gäste. *96 Tran Phu (Uferstraße auf der Höhe des Phu Dong Waterpark & Nightmarket) | Tel. 058/84 70 30 | www.ngocsuong.com.vn | €€–€€€*

SAILING CLUB – SANDALS RESTAURANT

Schummriges Garten- und Strandlokal sowie beliebter Diskoclub. Ab 22 Uhr wird es voll, laut und heiß (Lagerfeuer). Crossover-Speisen aus japanisch-italienisch-griechisch-vietnamesisch-indischer Küche, viele Cocktails. Hier muss man einfach mal gewesen sein! *72–74 Tran Phu | Tel. 058/82 65 28 | www.sailingclubvietnam.com | €–€€*

■ ÜBERNACHTEN

ANA MANDARA RESORT & SPA

Die einzige First-Class-Strandherberge in Nha Trang: 74 Bungalows und Villen (teils Meerblick) im tropischen Garten, Luxus pur, liebevolle Details und wunderschönes Bambus-Holz-Rattan-Dekor. Zwei Open-Air-Restaurants und Pools, jede Menge Wassersport und ein Tennisplatz. *86 Tran Phu | Tel. 058/52 22 22 | Fax 52 58 28 | Tel. in Deutschland 06102/79 96 80 | www.sixsenses.com | €€€*

ASIA PARADISE HOTEL

Moderne, schicke und helle Parkettzimmer mit allem Komfort, teils Riesenfenster oder Balkon zum Meer (8.–11. Stock), schönes Dachterrassenlokal mit kleinem Pool, Massage, Sauna, Fitnesscenter. *79 Zi. | 6 Biet Thu | Tel. 058/52 46 86 | Fax 52 71 48 | www.asiaparadisehotel.com | €€–€€€*

TRUC LINH HOTEL

Bezauberndes Bungalowhotel. Die neun Chalets sind im traditionellen Stil eingerichtet, mit Teakholzmöbeln, braun gemusterten Bodenfliesen, einem für Europäer allerdings etwas kleinen Bett und einem kleinen Tee- und Kaffeeset. Exzellente Fischküche. *9 Zi. | 21 Biet Thu | Tel. 058/52 22 01 | Fax 52 12 10 | http://vngold.com/nt/tlvilla/index.html | €€*

NHA TRANG

■ FREIZEIT & SPORT

INSELTOUREN
Sehr beliebt sind Bootstouren zu den vorgelagerten Inseln. Es gibt sie u. a. bei *T. M. Brothers Café II (12 B Biet Thu | Tel. 058/81 18 22, mobil 09 03 57 66 62)* und *Sinh Café (10 Biet Thu | Tel. 058/52 19 81 | www.sinhcafe.com)*. Seit Kurzem fährt auch eine Seilbahn übers Meer nach *Hon Tre (tgl. 8–22 Uhr | ca. 3 Euro)*.

MOTORRADTOUREN
Touren mit einem Englisch sprechenden Guide in die Umgebung: *Mr. Sau, über Shorty's Bar & Cafe | 1 E Biet Thu | Tel. 058/52 40 57*.

STRAND
Der 6 km lange *Nha Trang Beach* ist breit und fast überall von Kokospalmen gesäumt. Hier können Sie Liegestühle mieten und perfekt relaxen.

TAUCHEN
Die *Rainbow Divers* sind die führenden Tauchveranstalter in ganz Vietnam. *In der Rainbow Bar (90 A Hung Vuong | Tel. 058/52 43 51)* und im *Restaurant La Louisiane (Tran Phu Beach | Tel. 058/52 19 48) | für Whale Island Tel. 058/81 37 88 | 24-Std.-Hotline/mobil 09 13 40 81 46 | www.divevietnam.com*

■ AM ABEND

Angesagt sind Beachclubpartys à la Ibiza: Irgendwo brennt ein großes Feuer, aus den Boxen wummert House oder tönt sanfter Lounge-Sound – und vor dem frühen Morgen geht niemand zu Bett. Orte des Geschehens sind beispielsweise der weitläufige *Sailing Club* oder *La Louisiane Brewhouse & Restaurant (Tran Phu Beach | Lot 29, Tran Phu | Tel. 058/52 19 48 | www.louisianebrewhouse.com.vn)*, geöffnet jeweils ca. 23–5 Uhr. Die ❄ Terrasse der *Jack's Bar (96 A/8 Tran Phu | Tel. 058/81 38 62)* hält einen schönen Blick über die Bucht bereit.

Zum Relaxen: Nha Trang Beach

SAIGON UND DER SÜDEN

In der Wintersaison gibt es tgl. vier Flüge von Saigon, von Rach Gia tgl. einen Flug und mehrere Speedboote nach Phu Quoc. Nicht zu empfehlen sind die spottbilligen Fähren ab Ba Hon/Ha Tien – sie sind vor allem in der Regenzeit gefährlich und teils illegal.

■ SEHENSWERTES

NATIONALPARK

Phu Quoc heißt übersetzt „99 Berge". Allerdings sind die bis zu 603 m hohen Inselberge im Nationalpark im Norden derzeit noch militärisches Sperrgebiet. An der Schotterpiste an Ost- und Nordküste spenden haushohe Baumriesen Schatten, und Grillen lassen die grüne Regenwaldkulisse wie einen pfeifenden Wasserkessel klingen. Bei der Rundtour um Nationalpark und Insel erblickt man am Nordwestzipfel Phu Quocs beim Fischerort *Ganh Dau* die 4 km entfernte Küste Kambodschas mit der Insel *Ses*.

■ ESSEN & TRINKEN

EDEN ▶▶

Lokal und Guesthouse im südlichen Abschnitt des Bai-Truong-Strands. Von Frühstücksei bis Cocktails, von Billard bis Diskotanz – also von früh bis spät werden die Gäste hier versorgt. *118 Tran Hung Dao | 7 Ward (Beach Rd.) | Tel. 077/399 42 08 | €*

MY LANH UND AI XIEM

Typisch vietnamesische Strandlokale am schönen Bai Sao mit leckeren Meeresfrüchten und Fisch. In einigen sehr spartanischen Hütten kann man hier auch übernachten (allerdings viel Trubel am Wochenende). €

TROPICANA RESORT

Das bekannte Resort ist fast immer voll und lädt ein in sein idyllisches Terrassenlokal mit Bar am Truong-Strand. Gutes Seafood, vietnamesische und europäische Gerichte. *Bai Truong | Tel. 077/384 71 27 | €–€€*

■ ÜBERNACHTEN

BEACH CLUB ▶▶

Insider Tipp

Einfache Bungalowanlage am südlichen Bai Truong (10 Reihenzimmer, vier Hütten mit Meerblick). Ruhiges Strandlokal, gute Infobörse. *Tel. 077/398 09 98, mobil 09 18 48 49 51 | www.beachclubvietnam.com | €*

MAI HOUSE

Ruhige tropische Gartenoase mit palmblattgedeckten, hübschen Bungalows. Originelle Einrichtung aus Holz, Terrakotta, Bambus und Rattan. Es gibt keine Klimaanlage und kein TV. *25 Zi. | Bai Truong | Tel. 077/38 47 00 | €€*

MANGO BAY

Ökohäuser und hölzerne Hütten unter Palmen, teils Open-Air-Bad, ✼ Veranden mit Meerblick. Schönes, luftiges Seafoodrestaurant, etwas felsiger Strand. *16 Zi. | Bai Ong Lang | Tel. 077/39 14 33 45, mobil 09 03 38 22 07 | Fax 39 14 33 46 | www.mangobayphuquoc.com | €€*

PHU QUOC RESORT THANG LOI

Abgelegene, spartanische Bambushütten unter Palmen mit Veranda (Moskitonetz, teils Warmwasserdusche, Strom nur abends). Deutsche Leitung, auch deutsche Küche. *15 Zi. | Bai Ong Lang | Tel. 077/398 50 02 | Fax 384 61 44 | www.phu-quoc.de | €*

PHU QUOC

SAIGON PHU QUOC RESORT
Balkonzimmer, Suiten, Garten- und Strandbungalows nahe der Hafenstadt, teils Internetzugang und Jacuzzi-Duschen. Pool, Kinderspielplatz, Tennisplatz, Karaokedisko, Restaurants, Bars. *90 Zi.* | *Bai Truong* | *Tel. 077/384 69 99* | *Fax 384 71 63* | *Tel. in Deutschland 030/253 77 30* | *www.vietnamphuquoc.com* | €€€

LA VERANDA GRAND MERCURE RESORT & SPA
Boutiquehotel mit sechs luxuriösen Villen. Großer Pool, französische Küche im kolonial angehauchten Restaurant. *66 Zi.* | *Bai Truong* | *Tel. 077/398 29 88* | *Fax 398 29 98* | *Tel. in Deutschland 069/95 30 75 95* | *www.laverandaresort.com* | €€€

■ FREIZEIT & SPORT

STRÄNDE
Der *Bai Truong (Long Beach)* an der Westküste südlich von Duong Dong ist eine rund 20 km lange, goldgelbe, palmenbestandene Sandpiste, die sich bis zum Fischerhafen *An Thoi* an der Südspitze der Insel erstreckt. 4 km sind bisher mit Bungalowanlagen und Hotels erschlossen – fast der einzige Platz in Vietnam für Sonnenuntergänge am Strand. Der schön geschwungene *Bai Ong Lang* (nördlich von Duong Dong) hält einige Kilometer Abgeschiedenheit mit felsigen Abschnitten bereit. Der wunderschöne *Bai Sao* mit schneeweißem Pulversand und Palmen liegt im tiefen Süden nahe An Thoi.

TAUCHEN
Die Fischer in An Thoi oder Ausflugsboote der Hotels (ab Bai Truong) bringen Touristen zu den vorgelagerten Inseln zum Schnorcheln und Tauchen, etwa zur Schildkröteninsel *Hon Doi Moi* im Norden (am besten schnorchelt es sich am Strand *Bai Vung Bau*) und zum winzigen *An-Thoi-Archipel* im Süden mit Korallenriffen im kristallklaren Wasser. Die Tauchgründe zählen zu den besten in Vietnam, mit Sichtweiten von bis zu 50 m (Okt.–April).

Die *Rainbow Divers* bieten in der Tauchsaison PADI-Kurse an. *Büro in Duong Dong am Anfang der Tran Hung Dao/Beach Rd. oder abends im Rainbow Restaurant (südlich vom Tropicana Resort am Bai Truong)* | *Tel. mobil 09 13 40 09 64* | *www.divevietnam.com*

WANDERN
Man kann Wanderausflüge zu einigen kleinen Wasserfällen und Quellen im Südosten von Duong Dong machen, z. B. zur Quelle *Suoi Tranh*, außerdem zu Höhlen und Pfefferplantagen. Die beste Zeit für Inselexkursionen ist die Trockenzeit im Winter.

■ AUSKUNFT
Im Saigon Phu Quoc Resort | *1 Tran Hung Dao* | *Tel. 077/384 69 99 und 384 65 10* | *Fax 3847163* | *www.phuquoc.info*

■ ZIEL IN DER UMGEBUNG

HA TIEN ★ [130 A4]
Die Gegend um Ha Tien wird die „Ha-Long-Bucht des Südens" genannt. Die 90 000-Einwohner-Stadt schmiegt sich an eine von Hügeln begrenzte Bucht des Golfs von Thailand. Mit ihren palmengesäumten

AIGON UND DER SÜDEN

Stränden könnte die Bucht eines Tages ein echter Anziehungspunkt auf der touristischen Landkarte werden.

Zu Beginn des 18. Jhs. befriedete die chinesische Familie Mac die damals kleine Siedlung und baute sie zum Fürstensitz aus. Aus dieser Zeit übrig geblieben ist die ✻ Festung *Phao Dai* mit Ausblick auf die Bucht und den kleinen *Dong Ho,* den Ostsee, der sich zwischen die beiden Granitkegel des *Ngu Ho* und des *To Chau* zwängt. Kunstvoll geschmückt mit Drachenornamenten, Phönixen, Löwenköpfen und Wächterstatuen sind die Familiengräber der Mac-Dynastie, *Lang Mac Cuu (Nui Lang | ca. 3 km nordwestlich vom Stadtzentrum, erreichbar über die Mac Tu Hoang).* Fürst Mac Cuu hatte sich 1708 mit dem Kaiserhaus in Hue verbündet, das 1802 die Grabstätte errichten ließ. In der hübschen Pagode *Chua Tam Bao (Mac Thien Tich),* erbaut zwischen 1730 und 1750, werden die barmherzige Göttin Quan Am und der himmlische Jadekaiser verehrt.

An Markt und Flussufer liegt das empfehlenswerte *Xuan Thanh Restaurant (Ecke Ben Tran Hau/Tham Tuong Sanh | Tel. 077/385 21 97 | €).* Das Hai Yen *(34 Zi. | 15 To Chau | Tel. 077/385 15 80 | Fax 385 18 89 | €)* ist ein helles, sauberes Minihotel (Zimmer teils mit Kühlschrank). Wer einen der ✻ Eckräume im 3. oder 4. Stock wählt, hat einen ausgezeichneten Blick über die Stadt. Klein und ordentlich sind die Zimmer im *Kim Du Hotel (40 Zi. | 14 Phuong Thanh | Tel. 077/385 19 29 | Fax 385 21 19 | €).* Frühstück mit tropischem Früchtebuffet, empfehlenswertes Restaurant (z. B. sehr gute Nudelsuppen).

Verwurzelung und Erlösung: am Grabmal der Familie Mac in Ha Tien

Bild: Mekongdelta

> AFFENBRÜCKEN UND KALKSTEINFELSEN

Exkursionen ins Mekongdelta und in die Ha-Long-Bucht

Die Touren sind auf dem hinteren Umschlag und im Reiseatlas grün markiert

1 IM MEKONG-DELTA UNTERWEGS

Mit den neun Seitenarmen seines Deltas greift der mächtige Mekong in das Südchinesische Meer – und weil der Drache für die Vietnamesen das Symbol des dynamischen Lebens ist, nennen sie den Fluss *Song Cuu Long,* den „Fluss der neun Drachen". Hier entfaltet sich der ganze Zauber des tropischen Vietnam: Zwischen üppigen Palmenhainen schaukeln auf den unzähligen Kanälen und Nebenarmen die so genannten schwimmenden Dörfer und Märkte, zu denen oft nur einfache, bogenförmige Stege führen, die „Affenbrücken". Die Boote liegen dicht an dicht, auf manchen stehen Häuser, angefüllt mit Reis und Tee, aromatischen Gewürzen oder tropischen Früchten. Ein Ausflug in das Mekongdelta gehört zu den Highlights einer Vietnamreise. Für die 575 km lange Hauptroute sollten Sie sich mindestens drei Tage Zeit nehmen.

AUSFLÜGE & TOUREN

Die Tour beginnt in **Saigon** *(S. 81)*. Auf dem Highway 1 A bis nach **My Tho** *(S. 91)* herrscht dichter Verkehr, denn die Stadt lebt vom Handel und der Tatsache, dass Millionen Menschen in Saigon tagtäglich mit Reis, Ananas, Bananen und Orangen versorgt sein wollen – allesamt Produkte aus dem Mekongdelta. Was nicht in die Metropole geschafft wird, verkaufen die Händler im lebhaften Marktviertel. Schon hier haben Besucher mit begrenztem Zeitbudget die Möglichkeit, bei einer Bootstour den Zauber des Mekong zu entdecken.

Eben wie ein Brett präsentiert sich nun die Landschaft. Überall auf den Reisfeldern arbeiten die Bäuerinnen mit ihren typischen Strohhüten. In **Vinh Long** (100 000 Ew.) können Sie ebenfalls einen prächtigen Markt erleben, diesmal auf eine für das Delta typische Weise: In Dutzenden flacher Kähne lassen sich Verkäufer und

Käufer über den Tien Giang, einen der „neun Drachen", rudern. So sperrig die langen Holzruder wirken, die im Stehen über Kreuz bedient werden, so geschickt können die meisten Ruderer damit umgehen.

Purer Luxus umgibt die Reisenden, die sich in der Provinzhauptstadt **Can Tho** *(S. 78)* ins *Victoria Hotel* begeben. Warum nicht einen Cocktail auf der Panoramaterrasse des Hotels genießen und dabei dem Treiben auf dem Fluss zusehen? Hier sollten Sie sich ein Boot nehmen und die verwinkelten Wohnviertel an den oftmals winzigen Seitenkanälen des Hau Giang entdecken. Auch dem schönsten schwimmenden Markt des Deltas, dem **Cai Rang Floating Market** *(S. 78)*, sollten Sie einen Besuch in aller Frühe abstatten.

Nun führt die Fahrt auf der – nach heftigen Regenfällen von Schlaglöchern übersäten – Nationalstraße 91 ins Land der Khmer nach **Chau Doc** *(S. 80)*. Markenzeichen des Städtchens sind die schwimmenden Häuser. Schön ist eine abendliche Tour auf den Berg **Nui Sam**. Auch ein Bummel durch die Stadt mit ihrer ethnischen Mischung aus muslimischen Cham, Khmer und Vietnamesen gehört zum Programm. Ein Ausflug führt Sie in das Khmer-Dorf **Ba Chuc** mit seinem typischen Tempel und einer schockierenden Ausstellung in der „Schädelpagode". Dort sind als Mahnmal die Gebeine von Kriegsopfern aufgebahrt. Im kaum bekannten **Insider Tipp** *Tra-Su-Reservat* können Sie Tausende Weißstörche bei der Brut beobachten.

Nach Saigon fahren Sie dieselbe Strecke wieder zurück.

2 VON HANOI ZU DEN WUNDERN DER HA-LONG-BUCHT

Vorbei an vielen Reisfeldern, immer begleitet vom Roten Fluss *(Song Hong)*, führt diese Tour von Hanoi an den Golf von Tongking zu einem der größten Naturwunder Vietnams: den versteinerten Zuckerhüten und Kalknadeln der Ha-Long-Bucht. Für die 340 km auf den stark befahrenen Straßen bei Hanoi benötigen Sie mindestens zwei Tage.

Am besten starten Sie in **Hanoi** *(S. 39)* beim alten Postamt am Hoan-Kiem-See. Von hier aus nämlich erreichen Sie bequem die Chuong-Dong-Brücke, die den Roten Fluss stadtauswärts quert. Weiter geht es auf dem Highway 1 durch den quirligen Stadtbezirk Gia Lam und auf der Nationalstraße 5, die in vier Spuren vom Highway abzweigt.

Langsam lichtet sich das Häusermeer, und es zeigen sich die ersten dunkelgrünen Reisfelder. Dem rotbraunen Schlamm, den der Rote Fluss über eine Strecke von mehr als 1800 km heranträgt, verdankt die Gegend ihre Fruchtbarkeit. Nach sommerlichen Starkregen überflutet der Rote Fluss Teile der Gegend, weshalb immer mehr Deichanlagen gebaut werden müssen – sie sind am Wegesrand nicht zu übersehen.

Auf Holzbrettern aufgestapelt, fallen am Straßenrand bald die ersten Flaschen mit Sojasauce *(tuong ban)* auf. Nun ist es nicht mehr weit bis **Ban Yen Nhan**: In dem Dorf wird die bei einheimischen Reisenden äußerst beliebte Würze hergestellt. Noch 59 km sind es jetzt bis zur Provinzhauptstadt **Hai Duong**, deren Spezialität besonders bei allen Anklang findet, die

> **www.marcopolo.de/vietnam**

AUSFLÜGE & TOUREN

Süßes lieben: *banh dau xan,* kleine, zuckerige Kuchen aus grünem Erbsenbrei in einer gelben oder roten Hülle. Ein weiteres Merkmal der Gegend sind die Ziegelbrennereien, die hier und dort am Wegesrand auftauchen. Sie produzieren heute in Massen die rote Dachbedeckung, die sich früher nur die Reichen leisten konnten.

Kurz hinter Hai Duong zweigt die Straße nach links ab, via Sao Do erreichen Sie das Städtchen **Dong Trieu**. Wer eine Vorliebe für feine Keramikwaren hat, könnte hier fündig werden – Dong Trieu ist eines der Zentren in Vietnam.

Plötzlich taucht sie am Horizont auf: die atemberaubende **Ha-Long-Bucht** *(S. 34)*. Beim Anblick der rund 2000 aufragenden Kalksteinfelsen mag einem die Legende vom „herabsteigenden Drachen" *(ha long)* wie ein Tatsachenbericht erscheinen. Ausgangspunkt für eine mehrstündige Bootsfahrt ist das Touristenzentrum **Bai Chay**. Um den Touristenansturm bewältigen zu können, wurden Bai Chay und der sich unmittelbar nördlich anschließende Ort **Hon Gai** zu der Zwillingsstadt **Ha Long City** zusammengelegt. Doch nur wenige Minuten nach Ablegen des Bootes ist das hektische Treiben der Stadt vergessen, und man wird vom Charme der einzigartigen Inselwelt gefangen genommen. Es gibt kaum einen Felsen, der nicht von den Einheimischen entsprechend seiner Form mit einem besonderen Namen belegt worden wäre – bei der „Kamelinsel" oder der „Schildkröteninsel" fällt die Identifizierung relativ leicht.

Zurück nach Hanoi geht es auf derselben Strecke.

Besucher willkommen: Dorf der Cham-Weber bei Chau Doc

EIN TAG IN HO-CHI-MINH-STADT

Action pur und einmalige Erlebnisse.
Gehen Sie auf Tour mit unserem Szene-Scout

TYPISCHES FRÜHSTÜCK 8:00

Der Tag beginnt mit einem Muntermacher: Einfach von einem der Bürgersteigcafés ein Glas *Cafe Sua Da* kaufen. Der braun-weiße Drink besteht aus schwarzem Kaffee mit gesüßter Kondensmilch. Danach noch schnell ins *Pho24* und die typische Frühstückssuppe *pho* genießen. **WO?** *Entlang der Alex de Rhodes St., District 1 | Pho24: 5 Nguyen Thiep St., District 1 | www.pho24.com.vn*

9:30 INNERE RUHE

Ab in den *Tao Dan Cultural Park*. Vormittags wird hier asiatisches Schattenboxen trainiert. Den spontanen Tai-Chi-Kursen rund um die schattige Truong Dinh Street kann sich jeder anschließen. Tief durchatmen und versuchen, die Bewegungen nachzumachen. Gar nicht so leicht! **WO?** *Tao Dan Cultural Park, District 1, Park rund um Nguyen Thi Minh Khai, Cach Mang Thang Tam, Nguyen Du und Huyen Tran Cong Chua St.*

DEM HIMMEL SO NAH 11:00

Adrenalinfans kommen nun auf ihre Kosten. Bei *X-Rock Climbing*, der einzigen künstlichen Kletterwand Vietnams, geht es 26 m hoch hinaus. Muskeln anspannen und los: Wer oben angekommen ist, kann sich als Könner feiern lassen. **WO?** *503 A Nguyen Duy Trinh, Binh Trung Dong Ward, District 2 | www.xrockclimbing.com*

13:00 GAUMENSCHMAUS

Im Restaurant *Quan An Ngon* läuft einem das Wasser im Mund zusammen, denn hier ist man bei der Zubereitung der Speisen live dabei. Die Zutaten liegen wie ein bunter Teppich in kleinen Schüsseln und Tellern und werden vor den Augen der Gäste frisch auf einem Grill oder im Topf zubereitet. Unbedingt *ban xeo*, knusprige und deftig gefüllte Pfannkuchen, probieren. **WO?** *138 Nam Ky Khoi Nghia, District 1 | Tel. 084/825 71 79*

24 h

CITY CRUISE
14:00

Jetzt wird's wacklig: Bei einer Fahrt mit der Fahrradriksha sitzt der Fahrgast auf der Sitzbank vor dem Fahrer! Nur Mut: Einfach eine der Rikschas am Straßenrand anhalten und sich an der Reunification Hall vorbei rund um den grandiosen Van-Hoa-Park entlang bis zum Ben-Thanh-Markt kutschieren lassen. Zeitgeschichte und viel Grün im Vorbeifahren, superinteressant! **WO?** *Route: Nam Ky Khoi Nghia bis Ben-Thanh-Markt | Kosten: 25 000 Dong/Stunde*

16:30 ### KOPFWÄSCHE

Entspannung gefällig? Dann sollte man sich jetzt eine sanfte Kopfwäsche samt -massage gönnen! Das macht fit für den weiteren Tag. Einfach zurücklehnen und den Händen der Profis anvertrauen. **WO?** *Alle Friseure rund um den Ben-Thanh-Markt, District 1*

SAIGON RIVER DINNER
19:30

Nach der Hitze in der City gönnt man sich jetzt eine kühle Prise auf dem *Tau Nha Hang Saigon*, dem *Saigon Restaurant Boat*. Hier genießen Gourmets während einer Rundfahrt auf dem Saigon River Black Tiger Prawns gedämpft in Kokosmilch. Dazu gibt's einen unvergesslichen Blick auf die Lichter der Stadt. **WO?** *Bach Dang Wharf, Nguyen Hue St., District 1*

21:30 ### KUNST FÜR NACHTSCHWÄRMER

Hier trifft sich die Kunstszene der City: In dem Galerie-Café der jungen Künstlerin Himiko Koro betrachtet man Skulpturen, Fotografien und Gemälde und beobachtet die Kunstkenner beim wilden Diskutieren. Die kreative Atmosphäre wirkt inspirierend, und mit einem Drink in der Hand fängt jeder an, die Werke zu interpretieren. **WO?** *Himiko, 88 Huynh Tinh Cua, District 3*

> WORK-OUTS FÜR JEDES TEMPERAMENT

Actionsportler betreten in Vietnam noch oft Neuland, aber für spannende Abenteuer ist gesorgt

> Das Angebot für Aktivurlauber in Vietnam wächst allmählich. Erwarten Sie jedoch keine Perfektion – manche Sportarten, Touren oder „Soft Adventures" sind noch neu, wie etwa Caving.

In den Kinderschuhen stecken immer noch die Sicherheitsstandards bei einigen (vietnamesischen) Unternehmen: Je billiger die Touren – z. B. Kajaktouren, Rockclimbing –, desto weniger gut ausgebildete Guides darf man erwarten.

■ CAVING

Höhlenkletterer entdecken z. B. die 14 gewaltigen Kammern der Phong-Nha-Höhle, der größten und schönsten Kaverne Vietnams (seit 2003 unter Unesco-Schutz). Sie liegt bei Son Trach, 55 km nordwestlich von Dong Hoi, in Mittelvietnam. Einen englischsprachigen Guide (Kosten ca. 35 Euro inklusive Ausrüstung) und den Transport kann man sich über das *Saigon Phong Nha Hotel* (Tel.

> www.marcopolo.de/vietnam

SPORT & AKTIVITÄTEN

052/67 70 16) vermitteln lassen. Man kann die Höhle auch per Boot besichtigen (Eintritt 2,50 Euro, Boot für bis zu 10 Personen ca. 7 Euro). Ein bewährter Veranstalter ist *Footprint Vietnam Travel | 6 Le Thanh Ton | Hanoi | Tel. 04/933 28 44 | Fax 933 28 55 | www.footprintsvietnam.com*.

GOLF

Golf ist der letzte Schrei im „neuen Vietnam". Mehrere Plätze gibt es schon, die für Profis und Hobbyspieler geeignet sind, z. B. bei Hanoi und Saigon, in Phan Thiet und in Da Lat. *www.vietnamgolfresorts.com*

KAJAKTOUREN

Am schönsten ist eine See-Kajaktour durch die Ha-Long-Bucht. **Insider Tipp** Man paddelt mit einem englischsprachigen Guide, wahlweise 1–6 Tage lang. Es werden 6–8 km pro Tag zurückgelegt, je nach Fitnessgrad der Gruppe und Zahl der Höhlen, die besichtigt werden. Bei Mehrtagestouren wird gezeltet, Luxusangebote beinhalten Übernachtungen auf einem Boot. Zwei Tage inkl. Verpflegung kosten ab ca. 200 Euro pro Person, zu buchen z. B. über den renommierten Veranstalter *Seacanoe and Inserimex Travel* | www.johngray-seacanoe.com.

■ RADFAHREN

Radler sollten das eigene Bike und Ersatzteile mitnehmen. Gute Fahrräder (Ausleihe ca. 1–2 Euro pro Tag) sind ebenso rar wie gute Mechaniker, die Teile auf Lager haben. Beliebt ist die Route Hanoi – Saigon (oder umgekehrt) mit viel landschaftlicher Abwechslung; außer am Wolkenpass stellen sich keine größeren Anforderungen an die Fitness. Ein Problem ist jedoch der chaotische, gefährliche Verkehr auf der N 1. Infos: *Vietnam Tours* | *Weißdornweg 16* | *53177 Bonn* | *Tel. 0228/707 84 74* | *Fax 555 46 26* | *mobil 0173/515 71 92* | www.vietnam-tours.de | www.cycling vietnam.net | www.biking-asia.com

■ ROCKCLIMBING

Insider Tipp Ein Paradies für Kletterer sind die Ha-Long-Bucht und die Lan-Ha-Bucht bei Cat Ba – die Ausblicke sind grandios und die Herausforderungen groß. Wer individuell klettern will, muss die Ausrüstung selbst mitbringen. Man braucht erfahrene Kapitäne und Guides, die die Gezeiten kennen, da nur bei einem bestimmten Wasserstand der Zugang zu manchen Höhlen und Insellagunen im Innern der Kalksteinriesen möglich ist.

Info und Touren (mit ausgebildeten Kletterern und Ausrüstung): *Slo Pony Adventures* | *1/4 Street Nr. 4 (c/o Noble House Guesthouse)* | *Cat Ba* | *Tel./Fax 031/368 84 50, mobil 09 03 47 34 01* | www.slopony.com | *Tagestouren ca. 41 Euro*

■ SCHATTENBOXEN

Wer sich für die alte Kunst des Schattenboxens (Tai-Chi, vietnamesisch Thai Cuc Quyen) interessiert, muss früh aufstehen: Di–Sa 5.30–7 Uhr und 7–8.30 Uhr finden in Saigon im *Le-Van-Tam-Park (Hai Ba Trung/Ecke Dien Bien Phu)* gegen einen kleinen Obolus Kurse statt.

■ SEGELN

Noch gibt es keine Segelszene in Vietnam. Ein Geheimtipp ist aber das Whale Island Resort (Tel. 058/84 05 01) vor der Küste von Nha Trang: Hier können Sie sich z. B. im Umgang mit vier nagelneuen Katamaranen üben. Infos und Buchung über *Découvrir* | www.whaleislandre sort.com | www.iledelabaleine.com.

Deutscher Anbieter von Chartertörns mit eigener Basis in Nha Trang:

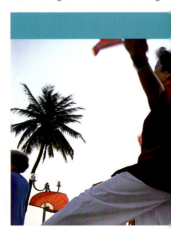

SPORT & AKTIVITÄTEN

Sunsail | Tel. in Deutschland 09303/90 88 16 | Fax 90 88 11 | www.sunsail.de

SURFEN

Ein sehr gutes Surfrevier ist der Mui-Ne-Strand bei Phan Thiet. Hier finden Meisterschaften wie der *Starboard Vietnam Fun Cup* statt. Infos gibt's beim *Jibe-Club Mui Ne* | www.windsurf-vietnam.com. Die Szene steigt im *Full Moon Beach Resort (km 13,5 | Ham Tien | Mui Ne | Tel. 062/84 70 08)* ab (Windsurfpaket für eine Woche ca. 300 Euro inkl. Halbpension und Boardmiete). Auch der *Mui Ne Sailing Club (24 Nguyen Dinh Chieu | Ham Tien | Mui Ne | Tel. 062/84 74 40 | www.sailingclubvietnam.com)* macht seinem Namen alle Ehre (auch Wellenreiten, Kitesurfen).

TAUCHEN

Nha Trang und Phu Quoc sind Vietnams beste Tauchgebiete. In Nha Trang gibt es mehrere Tauchschulen. Die Sichtweite liegt hier durchschnittlich bei 15 m, während der Trockenzeit bis zu 30 m (in Phu Quoc bis zu 50 m!). Geboten werden zurzeit ca. 25 Tauchplätze, ein künstlicher Wracktauchplatz ist geplant. Neben relativ gut erhaltenen Stein- und Weichkorallen gibt es auch Tropenfische sowie Sand- und Weißspitzhaie zu sehen. Zwei Tauchgänge (je ein Tank) ab ca. 40 Euro. Info: *Rainbow Divers* | www.divevietnam.com

WANDERN

Die besten Wandergebiete sind der Bach-Ma-Nationalpark, die Gebirgsgegend rund um Sa Pa und den Ba-Be-Nationalpark sowie das Hochland von Da Lat, etwa der Lang-Bian-Berg. Die Ausrüstung (Schuhe, Stöcke, Rucksack, Trinkflaschen, Müsliriegel) unbedingt von zu Hause mitnehmen, es gibt nichts zu kaufen. Empfehlenswert: *Phat Tire Ventures | 73 Truong Cong Dinh | Da Lat | Tel. 063/82 94 22 | mobil 09 18 43 87 81 |* www.phattireventures.com und *Wikinger Reisen | Kölner Str. 20 | 58135 Hagen | Tel. 02331/90 46 | Fax 90 47 04 |* www.wikinger.de.

Fitness für Frühaufsteher: traditionelle Gymnastik mit dem Fächer

KLEINE „TAY" SIND WILLKOMMEN
Familienleben wird in Vietnam groß geschrieben –
und so sind auch ganz junge Urlauber stets gern gesehen

> Die Familie hat in Vietnam einen sehr hohen Stellenwert, und so heißen sowohl die ganz kleinen als auch die großen Vietnamesen alle *tay*, also Westler, die mit dem eigenen Kind anreisen, umso herzlicher willkommen. Wo möglich, ist ein Unterhaltungsangebot für Kinder vorhanden. In Hanoi und Saigon gibt es zudem sehr gute Wasserpuppentheater-Aufführungen. Kinder im Alter von bis zu zwei Jahren (oder unter 0,80 m) fliegen in Vietnam normalerweise kostenlos, für Kinder bis zu zehn Jahren gibt es in vielen Orten bei Busreisen und Ausflügen oder in den Vergnügungsparks bis zu 50 Prozent Ermäßigung. Ideale Orte für den Urlaub mit Kindern sind wegen der guten Infrastruktur Saigon und Hanoi sowie Phan Thiet, Mui Ne und Nha Trang – Letztere natürlich auch wegen ihrer schönen, weichen Sandstrände.

WASSERPARKS
Im *Hanoi Water Park* (tgl. 7.30–19 Uhr | Eintritt ca. 2,50 Euro | 614 Lac Long Can, West Lake) **[O]** gibt es viele Pools und Riesenrutschen auf einer Fläche von über 35 000 m². Der *Dam Sen Waterpark* (Mo–Fr 9–18, Sa, So 7–19 Uhr | Eintritt ca. 1,50 Euro | 3 Hoa Binh | *www. damsenwaterpark.com.vn*) **[O]** in Saigon ist ein Vergnügungspark für alle Altersstufen mit Ruderbooten, Riesenwasserrutsche, *Space Spiral* und Minieisenbahn.

ELEFANTENRITTE
Am Lak-See **[131 E2]** (ab Dorf Buon Jun) oder im Elefantendorf Ban Don **[131 E1]** sind ältere Kinder mit einem ca. zweistündigen Elefantenritt zu begeistern: Zwei bis drei Personen sitzen auf einem Tier, das gemütlich durch den flachen See watet. *Info und Buchung: Dak Lak Tourist in Buon Ma Thuot | 3 Phan Chu Trinh | Tel. 050/85 21 08 | Fax 85 28 65 | www.daklaktourist.com.vn*

HANOI SUPER KARTING CENTRE [O]
Ein Renner für ältere Kinder (und jung gebliebene Eltern): Hier kann man für

> MIT KINDERN UNTERWEGS

ca. 3 Euro mit Gokarts durch die Gegend düsen. *Thanh-Nhan-Jugendpark*

DA-THIEN-SEE [131 E2]
5 km nördlich von Da Lat im „Tal der Liebe" inmitten einer Hügellandschaft: Was zunächst romantisch klingt, ist ein Vergnügungspark mit vielen Souvenirshops. Zum Spaßangebot gehören Ponyreiten, kleine Kanutrips und Tretbootfahrten. *Tgl. 8–18 Uhr | Eintritt ca. 0,30 Euro*

SPIELZEUG
Wenn der geliebte Teddybär verloren wurde, gibt es vielleicht Ersatz. Oder wie wäre es mit einem Superman-Kostüm oder einer Verkleidung als kleiner Pandabär? Zu kaufen in folgenden Läden in Saigon: *A2 (196 Nam Ky Khoi Nghia)* [U D3], *Chip (6 Mac Dinh Chi)* [U D2], *Art Décor (137 A Nguyen Thi Minh Khai)* [U D3–4].

UNTERWEGS
Wichtig ist es, an Sonnenschutz zu denken und entsprechende Kleidung (Hut!) sowie eine Creme mit tropentauglichem Lichtschutzfaktor mitzunehmen. Eltern von Kleinkindern sollten Schnuller, Flaschen, Gläschen und ein paar waschbare Stoffwindeln einpacken. Ein Tragesitz ist auf Überlandreisen sicherlich praktisch – andererseits sollte man in den engen Touristenbussen möglichst wenig Gepäck mit sich führen. Wegen der hohen Temperaturen sollten Kinder viel trinken, jedoch kein Leitungswasser. Eiscreme sollte aus hygienischen Gründen nur in Luxushotels, besser aber gar nicht gekauft werden. Klassiker wie Pommes frites mit Mayo oder Ketchup und Cola lassen sich zur Not immer auftreiben.

ZOOS
Zoos und Tierparks gehören in vielen vietnamesischen Städten zu den beliebten Ausflugszielen – allerdings muss gesagt werden, dass die Tiere dort oft in erbarmungswürdigen Verhältnissen leben. Auf Spielplätzen in den Parks muss mit rostigen Nägeln an Rutschen und Schaukeln gerechnet werden.

> VON ANREISE BIS ZOLL

Urlaub von Anfang bis Ende: die wichtigsten Adressen und Informationen für Ihre Vietnamreise

ANREISE

Ab Frankfurt/Main nonstop nach Saigon und Hanoi (fünfmal wöchentlich, ca. 700 Euro) fliegt Vietnam Airlines. Hier kann man auch günstige Inlandsflüge für Vietnam buchen *(Rossmarkt 5 | 60311 Frankfurt | Tel. 069/297 25 60 | Fax 29 72 56 20 | www.vietnam-air.de)*. Zweimal wöchentlich fliegt Lufthansa/Thai Airways von Frankfurt über Bangkok nach Saigon.

AUSKUNFT

INDOCHINA SERVICES
Enzianstr. 4a | 82319 Starnberg | Tel. 08151/77 02 22 | Fax 77 02 29 | www.indochina-services.com

VIETNAM TOURISM
– 30 A Ly Thuong Kiet | Hanoi | Tel. 04/826 41 54 und 826 40 89 | Fax 825 75 83
– 7 Dinh Tien Hoang (am Ostufer des Hoan-Kiem-Sees) | Hanoi | Tel. 04/926 33 66
– www.vietnamtourism.com | www.vietnamtourism-info.com | www.vietnamtourism.gov.vn

SAIGON TOURIST
– 55 B Phan Chu Trinh | Hanoi | Tel. 04/825 09 23 | Fax 825 11 74
– 49 Le Thanh Ton | Ho-Chi-Minh-Stadt | Tel. 08/829 89 14 | Fax 822 49 87 | www.saigontourist.net | www.saigon-tourist.com

> WWW.MARCOPOLO.DE
Ihr Reise- und Freizeitportal im Internet!

> Aktuelle multimediale Informationen, Insider-Tipps und Angebote zu Zielen weltweit ... und für Ihre Stadt zu Hause!

> Interaktive Karten mit eingezeichneten Sehenswürdigkeiten, Hotels, Restaurants etc.

> Inspirierende Bilder, Videos, Reportagen

> Kostenloser 14-täglicher MARCO POLO Podcast: Hören Sie sich in ferne Länder und quirlige Metropolen!

> Gewinnspiele mit attraktiven Preisen

> Bewertungen, Tipps und Beiträge von Reisenden in der lebhaften MARCO POLO Community: Jetzt mitmachen und kostenlos registrieren!

> Praktische Services wie Routenplaner, Währungsrechner etc.

Abonnieren Sie den kostenlosen MARCO POLO Newsletter ... wir informieren Sie 14-täglich über Neuigkeiten auf marcopolo.de!

Reinklicken und wegträumen!
www.marcopolo.de

> MARCO POLO speziell für Ihr Handy! Zahlreiche Informationen aus den Reiseführern, Stadtpläne mit 100 000 eingezeichneten Zielen, Routenplaner und vieles mehr.
mobile.marcopolo.de (auf dem Handy)
www.marcopolo.de/mobile (Demo und weitere Infos auf der Website)

PRAKTISCHE HINWEISE

FAR EAST TOURIST
158 Le Lai | Ho-Chi-Minh-Stadt | Tel. 08/925 60 99 | Fax 925 61 00 | www.fareasttourist.com

In Einzelfällen erteilen auch die vietnamesischen Botschaften Auskunft (s. „Ein- & Ausreise"). Wenn in einem Ort in Vietnam kein Touristenbüro vorhanden ist, erhalten Sie Auskunft im Hotel.

WÄHRUNGSRECHNER

€	Dong	Dong	€
1	25 888	10 000	0,40
2	51 775	20 000	0,80
3	77 663	30 000	1,20
4	103 551	40 000	1,59
5	129 439	50 000	1,99
6	155 326	60 000	2,39
7	181 214	70 000	2,79
8	207 102	80 000	3,19
9	232 989	90 000	3,59

BANKEN & GELD

Üblicherweise haben die vietnamesischen Banken Mo–Fr 7.30–11.30 und 13.30–15.30 bzw. 16 Uhr geöffnet, die Zeiten variieren jedoch oft.

Der offizielle Wechselkurs ist überall gleich. Zum Geldumtausch benötigt man den Reisepass. Als inoffizielle Zweitwährung gilt der US-Dollar, in den Touristenzentren wird zunehmend auch der Euro angenommen. An Geldautomaten (ATM), die sich in vielen Banken, Einkaufszentren, Flughäfen und Hotels (vor allem in Hanoi, Saigon, Nha Trang) befinden, kann man bis zu ca. 100 Euro pro Tag abheben (1 Prozent Gebühr), auch mit der EC-Karte (Maestro).

DIPLOMATISCHE VERTRETUNGEN

DEUTSCHE BOTSCHAFT
29 Tran Phu | Hanoi | Tel. 04/845 38 36 | Fax 845 38 38 | www.hanoi.diplo.de

DEUTSCHES GENERALKONSULAT
126 Nguyen Dinh Chieu | Ho-Chi-Minh-Stadt | Tel. 08/829 19 67 | Fax 823 19 19

SCHWEIZER BOTSCHAFT
44 B Ly Thuong Khiet (Melía Hotel) | Hanoi | Tel. 04/934 65 89 | Fax 934 65 91 | www.eda.admin.ch

ÖSTERREICHISCHE BOTSCHAFT
53 Quang Trung | Hanoi | Tel. 04/943 30 50 | Fax 943 30 55 | www.bmaa.gv.at

EIN- & AUSREISE

Üblich ist das in den Konsularabteilungen ausgestellte Touristenvisum (bis zu vier Wochen gültig, einmalige Einreise, Kosten über Reiseveranstalter ca. 33 Euro, Individualreisende 64 Euro). Das Visum kann mit einem sechs Monate gültigen Reisepass auch per Einschreiben spätestens zwei Wochen vor Abreise beantragt werden (Formular unter *www.viet*

nambotschaft.org, einzusenden mit frankiertem Rückumschlag, Verrechnungsscheck und Passfoto). Dauer: zehn Tage, persönlich geht es schneller. Bei Ankunft in Vietnam sind ein Einreiseformular und eine Zollerklärung auszufüllen, deren Doppel bei der Ausreise wieder abzugeben sind.

WAS KOSTET WIE VIEL?

- **KAFFEE** 0,25 EURO
  für eine Tasse im vietnamesischen Café
- **NUDELSUPPE** 0,50–1,25 EURO
  im vietnamesischen Lokal
- **TAXIFAHRT** 0,30 EURO
  pro km in Hanoi
- **BIER** CA. 1 EURO
  für ein Bier vom Fass im vietnamesischen Lokal
- **KLEID** 16–25 EURO
  für ein Ao-Dai-Kleid
- **MASSAGE** AB 2,50 EURO
  am Strand

BOTSCHAFTEN DER SR VIETNAM
– *Elsenstr. 3 | 12435 Berlin | Tel. 030/53 63 01 08 | Visastelle Tel. 53 63 01 02 | Fax 53 63 02 00 | www.vietnambotschaft.org; Generalkonsulat: Siesmayerstr. 10 | 60323 Frankfurt | Tel. 069/79 53 36 50 | Fax 795 33 65 11; Honorarkonsulat: Baumwall 7 | 20459 Hamburg | Tel. 040/36 97 96 61 | Fax 36 20 88*
– *Felix-Mottl-Str. 20 | 1190 Wien | Tel. 01/368 07 55 10 | Fax 368 07 54*
Schlösslistrasse 26 | 3008 Bern | Tel. 031/388 78 78 | Fax 388 78 79

FOTOGRAFIEREN

Fotozubehör ist oft schwer zu bekommen und viel teurer als in Europa. Außer bei militärischen Einrichtungen gibt es beim Fotografieren kaum Beschränkungen, doch muss man bei Sehenswürdigkeiten gelegentlich eine kleine Gebühr bezahlen. Wer Personen fotografieren möchte, sollte vorher um Erlaubnis fragen.

GESUNDHEIT

Impfungen sind nicht vorgeschrieben, außer bei Einreise aus einem Gelbfiebergebiet. Schutz gegen Polio, Tetanus, Diphterie, Hepatitis A/B und Typhus ist jedoch empfehlenswert. Schwierig ist der Schutz gegen Malaria, da die Erreger inzwischen gegen die meisten Prophylaxemittel immun sind. In den Malaria-Regionen empfiehlt sich ein Standby-Medikament (wie Lariam oder Malarone). Um Durchfall zu vermeiden, sollten Sie kein Leitungswasser trinken und außerhalb der internationalen Hotels weder ungeschältes Obst noch Salate essen. Eiscreme sollten Sie nur in Luxushotels kaufen; wegen der Cholera-Gefahr in Nordvietnam (vor allem Hanoi, Ninh Binh) ist es aber am sichersten, ganz darauf zu verzichten. Bei den Tropeninstituten gibt es inzwischen eine gut verträgliche Cholera-Schluckimpfung. Seit 2007 wurden über 20 000 Fälle des Hämorrhagischen Dengue-Fiebers gemeldet, mit Schwerpunkt im Süden Vietnams, aber auch in anderen Landesteilen. Dengue wird von einer tagaktiven Mücke übertragen; schützen

PRAKTISCHE HINWEISE

www. sinhbalo.com

können Sie sich durch langärmelige, helle Kleidung und Mückenschutzlotion, vorbeugende Medikamente gibt es nicht. Aktuelle Informationen gibt es beim Gesundheitsamt oder bei den Tropeninstituten (z. B. *Spandauer Damm 130 | 14050 Berlin | Tel. 030/30 11 66 | Fax 30 11 68 88 | www.bbges.de*). Infos im Internet: *www.fit-for-travel.de*. Vor der Reise sollte man unbedingt eine Auslandskrankenversicherung (mit Rücktransport im Notfall) abschließen.

■ INLANDSREISEN

Tägliche Inlandsflüge mit Vietnam Airlines verbinden alle größeren Städte. Ein Rückflugticket Saigon–Hanoi (2 Std. Flugzeit) kostet ca. 150 Euro. Besonders vor dem Tet-Fest ist eine rechtzeitige Buchung erforderlich.

Es bestehen tägliche Zugverbindungen zwischen Hanoi und Saigon. Der *Wiedervereinigungsexpress* zuckelt in knapp 38 Std. fünfmal täglich von Nord nach Süd und umgekehrt. Es empfiehlt sich, per *Soft Sleeper* der 1. Klasse zu reisen und rechtzeitig zu buchen.

Weniger ratsam ist es, die öffentlichen Überlandbusse zu benutzen, denn es kommt zu vielen schweren Unfällen (vor allem nachts). Wer mit dem Touristenbus reisen möchte, erkundigt sich in den Travellercafé-Ketten (z. B. *Sinh Café | www.sinhcafevn.com*) nach den so genannten *Open Tours*. Ganz neu sind Busse mit Schlafsitzen (Hanoi–Hue 6 Euro).

Bei individuellen Rundreisen hat sich ein Mietwagen mit Fahrer bewährt (selbst zu fahren ist für Touristen verboten). Der Preis richtet sich nach Fahrzeug und gefahrenen Kilometern, hinzu kommt eine Tagespauschale für Fahrer und gegebenenfalls Dolmetscher. In größeren Hotels kann man zu Festpreisen auch Minibusse chartern.

Mekong-Touren: Ein guter Veranstalter ist *SinhBalo Adventure Travel (283/20 Pham Ngu Lao | Saigon | Tel. 08/837 67 66 | Fax 837 67 65 | www.sinhbalo.com | drei Tage für zwei Personen ca. 130 Euro pro Person)*. Ganz luxuriös reist man mit den *Pandaw*-Schiffen, die zwischen Saigon/My Tho und Angkor in Kambodscha verkehren. *www.pandaw.com | auch zu buchen z. B. bei Kiwi Tours (Tel. 089/746 62 50 | www.kiwitours.com)*

■ INTERNET

www.vnagency.com.vn ist die Website der Vietnam News Agency (Hanoi) mit aktuellen Infos. *www.asiaobserver.com/vietnam.htm* bietet gute Hintergrundinfos, *www.vietnamtourism.com* gute touristische Informationen (z. B. zu Veranstaltern der jeweiligen Region), ebenso *www.indochina-services.com*. *www.fg-vietnam.de* ist die Website der Deutsch-Vietnamesischen Freundschaftsgesellschaft, *www.vietnam-dvg.de* die der Deutsch-vietnamesischen Gesellschaft (mit vielen Adressen und Infos), und *www.vietnam-freunde.net* bietet Landes- und Wirtschaftsinformationen. Reiseberichte findet man auf *www.destinationvietnam.com*.

Weitere gute Websites sind *www.vietnam-guide.de* (allgemeine Infos, Flugtickets, Hotelsuche), *www.viettouch.com* (Kulturinfos) und *http://english.vietnamnet.vn* (englischsprachige Onlinezeitung mit News aus

Gesellschaft, Kultur, Wirtschaft, Politik und Tourismus). *www.vietnamopentour.com* ist die Website von Sinh Café, einem der ältesten Reiseveranstalter für Traveller mit Tourprogramm in ganz Vietnam. Unter *www.sinhcafevn.com* stellt Sinh Café Saigon viele Tourismusinfos bereit.

■ INTERNETCAFÉS & WLAN ■

In vielen Orten reihen sich die Internetcafés aneinander. In Hanoi gibt es die meisten Cybercafés an der Hang Bac, in Saigon in der Gegend Pham Ngu Lao, De Tham und Bui Vien. Die Kosten betragen ca. 0,02 Euro pro Minute, oft gibt es zehn Freiminuten. WLAN gibt es in Vietnam vor allem in den neuesten Hotels gehobenen Standards (gelegentlich auch in kleineren modernen Hotels) sowie in vielen Internetcafés (z. B. in Hanoi: *Relax Bar | 60 Ly Thuong Kiet*). Oder man versucht es in den Universitäten.

■ KLIMA & REISEZEIT ■

Im Süden ist es am angenehmsten von Dezember bis März mit erträglichen Temperaturen und wenig Niederschlag. Im April und Mai leitet drückende Schwüle die Regenzeit (von Juni bis Dezember) ein. Je weiter man nach Norden kommt, desto größer werden die Schwankungen zwischen Sommer und Winter. Während die Subtropensommer ab April feuchtheiß sind, können die Temperaturen an der nördlichen Zentralküste zwischen Dezember und Februar deutlich unter 20 Grad absinken. Zudem trübt dann wochenlanger Nieselregen das Reisevergnügen.

■ ÖFFNUNGSZEITEN & EINTRITTSPREISE

Pünktliche Öffnungszeiten dürfen Sie eher nicht erwarten. Viele Sehenswürdigkeiten sind jederzeit zugänglich, bei anderen findet man

WETTER IN SAIGON

Jan.	Feb.	März	April	Mai	Juni	Juli	Aug.	Sept.	Okt.	Nov.	Dez.
32	33	34	35	33	32	31	31	31	31	31	31
Tagestemperaturen in °C											
21	22	23	24	24	24	24	24	23	23	23	22
Nachttemperaturen in °C											
5	6	5	6	4	4	4	4	5	4	4	4
Sonnenschein Std./Tag											
2	1	2	4	16	21	23	21	21	20	11	7
Niederschlag Tage/Monat											
24	25	25	28	28	28	28	28	28	27	27	25
Wassertemperaturen in °C											

PRAKTISCHE HINWEISE

auch abends noch Einlass. Märkte enden oft mit der Mittagshitze, und auf dem Land nimmt man es allemal nicht so genau. Wenn nichts anderes angegeben ist, ist der Eintritt frei.

POST

Luftpostsendungen nach Europa benötigen bis zu drei Wochen (Porto für eine Postkarte: ca. 0,40 Euro). Sie sollten Briefe oder Postkarten nur in den Postämtern *(buu dien)* der größeren Städte oder in gehobenen Hotels aufgeben. Abzuraten ist vom Paketversand (teuer und unzuverlässig), es sei denn, Sie wählen den Kurierdienst DHL (Schalter im Postamt Saigon).

STROM

Netzspannung meist 220 Volt. Nehmen Sie einen Universal-Adapter mit.

TAXI & RIKSCHA

In Hanoi und Saigon gibt es viele Taxis mit Taxameter. Typisch sind Cyclos, Fahrradrikschas, bei denen der Preis ausgehandelt werden muss. Beliebt sind auch Mopedtaxis.

TELEFON & HANDY

Auslandsgespräche kann man von größeren Hotels, Postämtern und einigen Telefonzellen mit IDD-Telefonkarten führen (ca. 0,40 Euro/Minute). Handy: Zwei Netzbetreiber, Vinaphone *(www.vinaphone.com.vn)* und Mobifone *(www.mobifone.com.vn)*, betreuen rund 6 Mio. Kunden. Mit einer deutschen Karte (SIM) telefonieren kann man derzeit nur mit Vertragskarten, die das D1-Netz nutzen; D1-Telefonat nach Deutschland ca. 4–5 Euro/Minute, SMS ca. 0,50 Euro (Empfang gratis). D1-User können nur das Vinaphone-Netz nutzen. Mit einer vietnamesischen Prepaidkarte (ca. 5–15 Euro) kann man für ca. 0,60 Euro/Minute nach Deutschland telefonieren und SMS versenden. Infos zu Roamingabkommen der anderen deutschen Netzbetreiber: *www.gsmworld.com*. Landesvorwahl Vietnam *0084*, Deutschland *0049*, Österreich *0043*, Schweiz *0041*

ZEIT

Mitteleuropäische Zeit (MEZ) plus sechs Stunden, während der Sommerzeit in Europa plus fünf Stunden.

ZEITUNGEN

Mit der „Saigon Times Weekly" und den in Hanoi erscheinenden „Vietnam News" *(www.vietnamnews.com.vn)* werden zwei englischsprachige Zeitschriften verkauft. Ausländische Presse ist in Saigon oder Hanoi in großen Hotels, internationalen Buchhandlungen und den Straßen der Stadtzentren erhältlich. Touristische Infos gibt es in „Time out Vietnam" und „The Guide".

ZOLL

Zollfrei bei der Einfuhr nach Vietnam sind 1,5 l hochprozentiger Alkohol oder 2 l Wein, 400 Zigaretten oder 100 Zigarren oder 50 g Tabak. Ohne zollamtliche Ausfuhrbescheinigung dürfen Antiquitäten nicht ausgeführt werden. Freimengen in die EU (die Schweiz): 200 Zigaretten oder 50 Zigarren oder 250 g Tabak, 1 l Alkohol über oder 2 l Alkohol bis 22 (Schweiz: 15) Prozent, 500 g Kaffee, 50 g Parfum und 250 g Eau de Toilette und Geschenkartikel für 175 Euro (100 Franken). *www.zoll.de*

> BẠN NÓI ĐƯỢC TIẾNG VIỆT KHÔNG?

„Sprichst du Vietnamesisch?" Dieser Sprachführer hilft Ihnen, die wichtigsten Wörter und Sätze auf Vietnamesisch zu sagen

Aussprache

Zur Erleichterung der Aussprache sind alle vietnamesischen Wörter mit einer einfachen Aussprache (in eckigen Klammern) versehen. Nachstehende Zeichen (linke Spalten) sind Sonderzeichen und werden wie folgt (rechte Spalten) ausgesprochen:

c/-ch	G/K	x	S	Tonakzente:	
đ/Đ	D	â	Ö/Ä	a	ohne Ton
d/gi-	stimmhaftes S	e	offenes Ä	á	steigend
kh-	CH	ê	E	ã	unterbrochen-
ch-	TSCH	ơ	Ö		steigend
nh-	NJ	ú	Ü/I	à	fallend
ph	F			ả	fallend-steigend
tr	DS/DSCH			ạ	tief

AUF EINEN BLICK

Ja./Nein.	Có; ừ, dạ. [go/öh/sa]/Không. [chong]
Vielleicht.	Có lẽ. [go lä]
Bitte.	Xin./Làm ơn. [sin/lahm ön]
Danke.	Cám ơn. [gahm ön]
Gern geschehen (bitte).	Không có chi. [chong go tschi]
Entschuldigung! Pardon!	Xin lỗi! [sin leu]
Wie bitte?	Xin nhắc lại. [sin njac lai]
Ich verstehe (nicht).	Tôi (không) hiểu. [teu chong hju]
Was ist das?	Cái này là cái gì? [kai nai la kai ji]
Können Sie (Herr/Dame) mir bitte helfen?	Ông/Bà có thể giúp tôi được không? [ong/bä ko tä jub teu duak chong]
Ich möchte (nicht) …	Tôi (không) muốn/cần … [teu (chong) muen/gan]
Das gefällt mir (nicht).	Tôi rất (không) thích. [teu ra' (chong) tik']
Haben Sie (Herr/Dame) …?	Ông/Bà có …? [ong/bah ko]
Wie viel kostet es?	Giá (tiền) bao nhiêu? [sa din bau nju]
Wie viel Uhr ist es?	Mấy giờ rồi? [mai sjö reu]

KENNENLERNEN

Guten Tag!/Abend!	Xin chào. [sin tschau]
Hallo! Grüß dich! Tschüss!	Chào! [tschau]
gegenüber einem/einer …	
… älteren/jüngeren Herrn	… Ông./Anh. [ong/an]
… älteren/jüngeren Dame	… Bà./Chị. [bah/tschih]

> *www.marcopolo.de/vietnam*

SPRACHFÜHRER VIETNAMESISCH

Wie geht es Ihnen/dir?	Ông/Bà có khỏe không?
	[ong/bah goh kuä chong]
Erfreut, Sie kennenzulernen!	Hân hạnh được gặp Ông/Bà!
	[han hann dög'gab ong/bah]
Mein Name ist …	Tên tôi là … [tenn teula]
Auf Wiedersehen!	Tạm biệt! [dahm bi-eh']
Bis bald!/Bis morgen!	Hẹn gặp lại [hähn gablai]

UNTERWEGS

AUSKUNFT

links/rechts	trái/phải [trei/fei]
geradeaus	thẳng [thangh]
nah/weit	gần/xa [gan/sa]
Bitte, wo ist …?	Làm ơn cho biết …ở đâu?
	[lahm ön tscho wö dau]
… der Hauptbahnhof?	… nhà ga … [nja ga]
… der Flughafen?	… sận bay … [san bay]
… das Hotel?	… khách sạn … [chak' sahn]
Ich möchte … mieten.	Tôi muôn thuê … [teu mu-en tü-e]
… ein Fahrrad …	… xe đạp. [sä dab]
… ein Auto …	… ô-tô. [otoh]
… Taxi …	… tắc-xi. [taksi]
Wie weit?	Bao xa? [bau sa]

UNFALL

Hilfe!	Xin giúp tôi! [sin sjub toi]
Achtung!/Vorsicht!	Chú ý! [tschuh-i]/Coi chừng! [geu king]
Rufen Sie schnell …	Ông/Bà làm ơn gọi ngay …
	[ong/bah lahm ön geu njaj]
… einen Arzt.	… bác sĩ. [baksie]
… Krankenwagen.	… xe cứu thương. [sä guhtöong]
… die Polizei.	… công an. [gong ahn]
… die Feuerwehr.	… cứu hỏa. [guh hwa]
Haben Sie	Ông/Bà có hộp cứu thương không?
Verbandszeug?	[ong/bah goh hohb guhtöong chong]
Es war meine/Ihre Schuld.	Tôi có/Ông có lỗi. [teu goh/ong goh leu]
Geben Sie mir bitte	Ông/Bà làm ơn cho tôi biết tên
Ihren Namen und	Ông/Bà và địa chỉ.
Ihre Anschrift.	[ong/bah lahm ön
	tscho teu bie' tehn ong wa di-e tschi]

ESSEN

Wo gibt es hier ein gutes Restaurant?	Ở đâu có nhà hàng ngon? [ödau go nja hang n'nong]
Reservieren Sie uns bitte für heute Abend einen Tisch für vier Personen.	Ông/Bà làm ơn, cho chúng tôi một bàn bốn ngươi tối nay. [ong/bah lahm ön tscho tschung teu mot' bahn bohn n'nöi teunai]
Auf Ihr Wohl!	Chúc mừng Ông/Bà! [tschuk' möng ong/bah]
Das Essen ist sehr gut.	Thức ăn rất ngon. [tuk an rat' n'nong]
Bezahlen, bitte.	Làm ơn, tính tiền. [lahm ön, tin di-en]

EINKAUFEN

Wo finde ich …	Ở đâu có … [ö dau go…?]
… eine Apotheke?	… nhà thuốc tây? [nja tuok dai]
… Fotoartikel?	… hiệu ảnh? [hieu an]
… Bäckerei/Brotladen?	… tiệm bánh mì? [di-em banmi]
… ein Lebensmittelgeschäft?	… cửa hàng thực phẩm khô? [gu hang dög famcho]
… ein Kaufhaus/Geschäft?	… cửa hàng? [guhang]
… einen Markt?	… chợ? [tschö]
Wann wird das Kaufhaus öffnen/schließen?	Cửa hàng bách hóa mở cửả/đóng cửả/vào lúc nào? [guhang batsch hwa mögu dongu/wau lu' nao]
Was kostet dieses …?	Cái … này giá bao nhiêu? [gai … naija baunju]

ÜBERNACHTUNG

Können Sie mir bitte … empfehlen?	Ông/Bà có thể giới thiệu cho tôi … không? [ong/bah goh tä jö tju tscho teu chong]
… ein Hotel …	… khách sạn. [chak' sahn]
… eine Pension …	… nhà trọ có baoăn. [na tscho go baoan]
Haben Sie noch …	Ông/Bā có còn … [ong/bah goh gon]
… ein Einzelzimmer?	… phòng đỏn? [fang don]
… ein Zweibettzimmer?	… phòng đôi? [fang deu]
… mit Dusche/Bad?	… với phòng tắm? [weu fang damm]
… für eine Nacht?	… cho một đêm? [tscho mot'dehm]
… für eine Woche?	… cho một tuần? [tscho mot' dun]
Was kostet das Zimmer mit …	Phòng có … giá bao nhiêu? [fang go … ja bau nju]
… Frühstück?	… ăn sáng? [ansang]
… Halbpension?	… ăn sáng và ăn chiều? [ansang wa antschju]

> *www.marcopolo.de/vietnam*

SPRACHFÜHRER

PRAKTISCHE INFORMATIONEN

ARZT

Können Sie mir einen Arzt empfehlen?	Ông/Bā có thể giới thiệu cho tôi một bác sĩ? [ong/bah goh tä jö tju, tscho teu mot' baksi]
Ich habe … (hier Schmerzen).	Tôi bị … (đau ơ đây). [teu bi … (dau ö dai)]
… Fieber.	… sốt. [sot']
… Durchfall.	… tiêu chảy. [bi diu tschai]
… Kopfschmerzen.	… đau đầu/nhức đầu. [daudau/njit' dau]
… Zahnschmerzen.	… đau răng/nhức răng. [daurang/njit'rang]

BANK

Wo ist hier bitte …	Ở đâu có … [ö dau ko]
… eine Bank?	… ngân hàng? [n'nan hang]
… eine Wechselstube?	… nỏi đổi tiền? [neu deu di-en]

POST

Was kostet …	… giá bao nhiêu? [… tschja bau nju?]
… ein Brief …	Một bức thư …? [mot' bök tö]
… eine Postkarte …	Một bưu thiếp …? [mot' bök bu ti-eb]
… nach Deutschland?	… gưi đi Đức [gö didök]

ZAHLEN

0	không [chong]	18	mười tám [muödahm]
1	một [mot']	19	mười chiń [muötschin]
2	hai [hai]	20	hai mười [haimuö]
3	ba [bah]	21	hai mười một [haimuö mot']
4	bốn [bohn]	30	ba mười [bahmuö]
5	năm [nam]	40	bôń mười [bohnmuö]
6	sáu [sau]	50	năm mười [namuö]
7	bảy [bei]	60	sáu mười [saumuö]
8	tám [dahm]	70	bảy mười [beimuö]
9	chiń [tschin]	80	tám mười [dahmuö]
10	mười [muö]	90	chiń mười [tschinmuö]
11	mười một [muömot']	100	một trăm [mødscham]
12	mười hai [muöhai]	1000	một ngàn [mødnjahn]
13	mười ba [muöbah]	10000	mười ngàn [muönjahn]
14	mười bốn [muöbohn]		
15	mười lăm [muönam]	1/2	một phần hai [mot fanhai]
16	mười sáu [muösau]	1/4	một phần tư [mot' fandö]
17	mười bảy [muöbei]		

Fischer bei Mui Ne

> UNTERWEGS IN VIETNAM

Die Seiteneinteilung für den Reiseatlas finden Sie auf dem hinteren Umschlag dieses Reiseführers

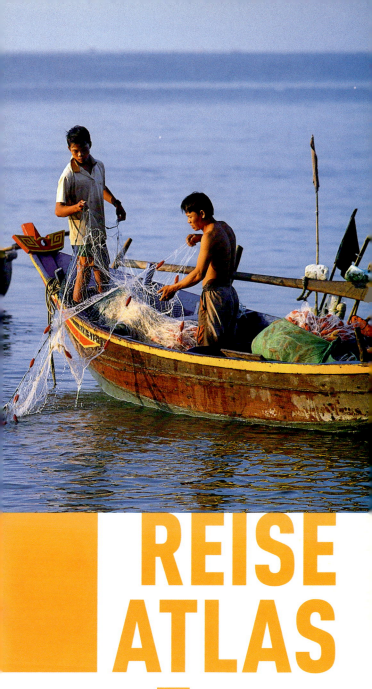

REISE ATLAS

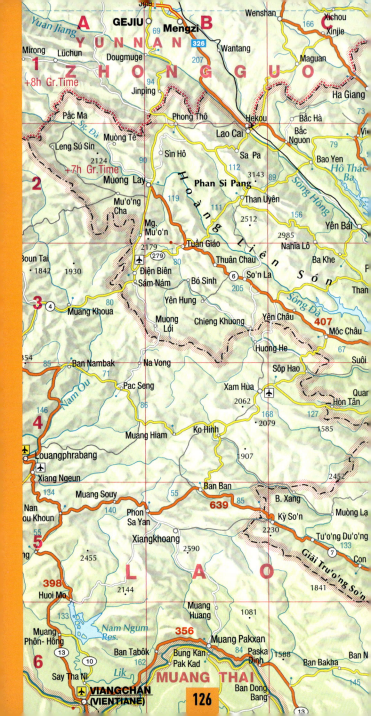

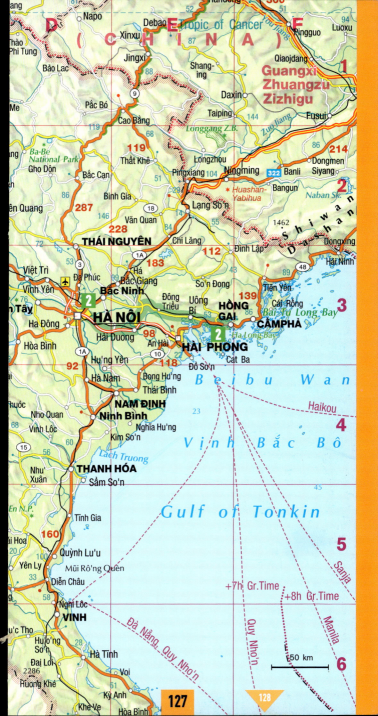

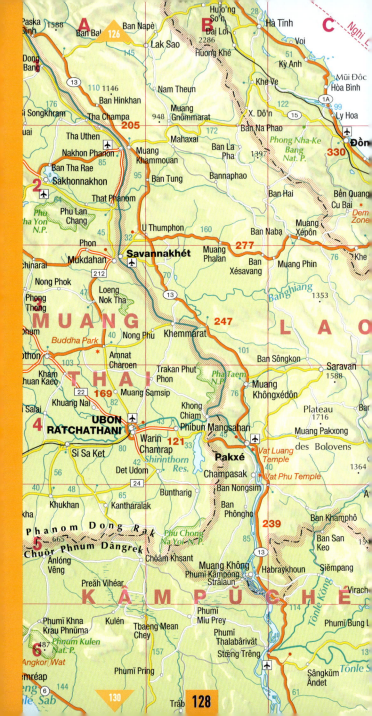

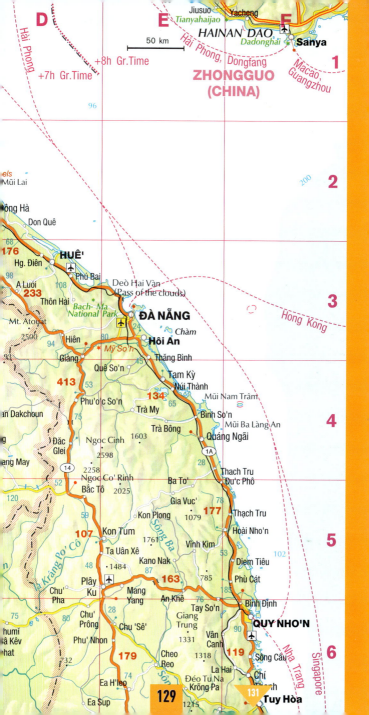

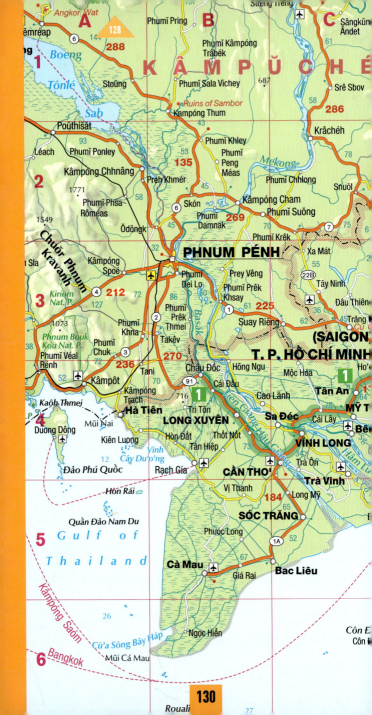

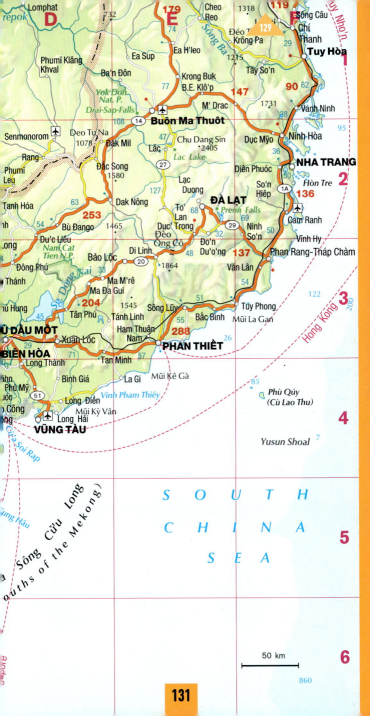

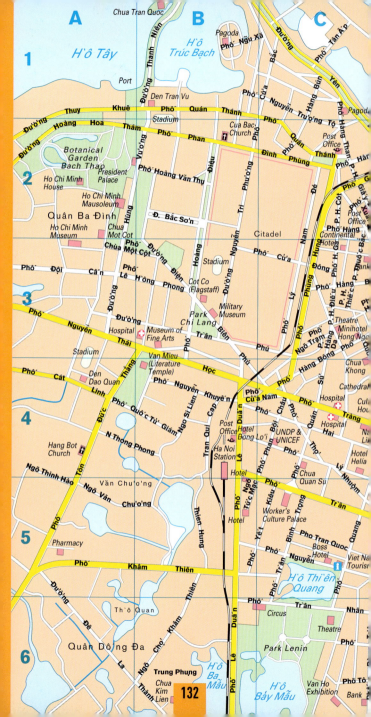

KARTENLEGENDE

Autobahn, mehrspurige Straße - in Bau Highway, multilane divided road - under construction	═══ ═ ═ ═	Autoroute, route à plusieurs voies - en construction Autosnelweg, weg met meer rijstroken - in aanleg
Fernverkehrsstraße - in Bau Trunk road - under construction	─── ─ ─ ─	Route à grande circulation - en construction Weg voor interlokaal verkeer - in aanleg
Hauptstraße Principal highway	───	Route principale Hoofdweg
Nebenstraße Secondary road	───	Route secondaire Overige verharde wegen
Fahrweg, Piste Practicable road, track	───	Chemin carrossable, piste Weg, piste
Straßennummerierung Road numbering	E20 11 70 26 5 40 9	Numérotage des routes Wegnummering
Entfernungen in Kilometer Distances in kilometers	259 130 129	Distances en kilomètres Afstand in kilometers
Höhe in Meter - Pass Height in meters - Pass	1365 •	Altitude en mètres - Col Hoogte in meters - Pas
Eisenbahn - Eisenbahnfähre Railway - Railway ferry	▬▬▬ ········	Chemin de fer - Ferry-boat Spoorweg - Spoorpont
Autofähre - Schifffahrtslinie Car ferry - Shipping route	───	Bac autos - Ligne maritime Autoveer - Scheepvaartlijn
Wichtiger internationaler Flughafen - Flughafen Major international airport - Airport	✈ ✈	Aéroport importante internationale - Aéroport Belangrijke internationale luchthaven - Luchthaven
Internationale Grenze - Provinzgrenze International boundary - Province boundary	≈≈≈	Frontière internationale - Limite de Province Internationale grens - Provinciale grens
Unbestimmte Grenze Undefined boundary	≈ ≈ ≈	Frontière d'État non définie Rijksgrens onbepaalt
Zeitzonengrenze Time zone boundary	-4h Greenwich Time -3h Greenwich Time	Limite de fuseau horaire Tijdzone-grens
Hauptstadt eines souveränen Staates National capital	**MANILA**	Capitale nationale Hoofdstad van een souvereine staat
Hauptstadt eines Bundesstaates Federal capital	Kuching	Capitale d'un état fédéral Hoofdstad van een deelstaat
Sperrgebiet Restricted area	▭	Zone interdite Verboden gebied
Nationalpark National park	▭	Parc national Nationaal park
Antikes Baudenkmal Ancient monument	∴	Monument antiques Antiek monument
Sehenswertes Kulturdenkmal Interesting cultural monument	★ *Angkor Wat*	Monument culturel intéressant Bezienswaardig cultuurmonument
Sehenswertes Naturdenkmal Interesting natural monument	★ *Ha Long Bay*	Monument naturel intéressant Bezienswaardig natuurmonument
Brunnen Well	ᴗ	Puits Bron
Ausflüge & Touren Excursions & tours	▭	Excursions & tours Uitstapjes & tours

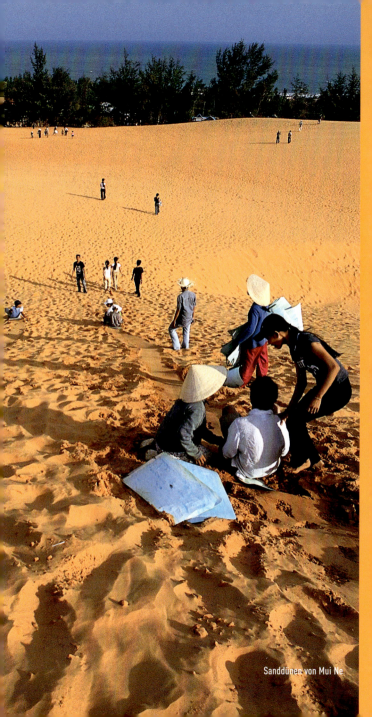
Sanddünen von Mui Ne.

REGISTER

Im Register sind alle in diesem Reiseführer erwähnten Orte, Strände, Nationalparks und Ausflugsziele verzeichnet. Halbfette Seitenzahlen verweisen auf den Haupteintrag, kursive auf ein Foto.

An Phu Village 88
An Thoi 100
Ba-Be-Nationalpark 31, **33**, 111
Ba Hon 99
Ba-Vi-Berg 47
Bac Ha 53
Bach-Ma-Berg 60
Bach-Ma-Nationalpark **73**, 111
Bai Chay 34, 35, 36, 105
Bai Dai, Strand 37
Bai Ong Lang 100
Bai Sao, Strand 99, 100
Bai Truong, Strand 98, 99, 100
Bai-Tu-Long-Bucht 36
Ban Dam 49
Ban Doc 31
Ban-Doc-Wasserfall 31
Ban Don 57, 112
Ban-Gioc-Wasserfall s. Ban-Doc-Wasserfall
Ban Jun s. Buon Jun
Ban Tur s. Buon Tua
Ban Yen Nhan 104
Bang An 68
Ben Dinh 90
Bon Tur s. Buon Tua
Buon Jun (Ban Jun) 57, 112
Buon Ma Thuot 55
Buon Tua (Bon Tur) 57
Cai Be 91
Cai Rang Floating Market 76, **78**, 104
Cam Pha 37
Can Tho 76, **78**, 104
Canh Duong Beach 62
Cao Bang **31**, 34
Cao-Dai-Tempel/Tay Ninh 91
Cat Ba 34, 35, 36, **38**, 39, 110
Cat-Ba-Nationalpark 38
Cat Cat 52
Cat-Cat-Wasserfall 51
Cat Ong 34
Cat-Tien-Nationalpark 89
Cau Da 92
Cau Hai 73
Cham, Insel 68
Chau, Berg 75
Chau Doc 76, **80**, 104, *105*
Chau Giang 80
China Beach 65, 60, 62
Cho Lo 81, 83, 85
Cho Ra 33
Chua Huong 49
Chua Tay Phuong 48
Chua Thay 48
Chua Thien Mu 74
Con Phung 91
Cu Chi 90
Cua Dai, Strand 67, 68
Cuc-Phuong-Nationalpark 48, *49*
Da Lat 55, **57**, 109, 111, 113
Da Nang 8, 55, **60**, *61*

Da-Thien-See 113
Deo Hai Van (Wolkenpass) 60
Do Son 23
Doc Let Beach 95
Dong Hoi 108
Dong Trieu 105
Drai-Sap-Wasserfälle 57
Duong Dong 98
Fan Si Pan (Phan Si Pang) 51, 53
Ganh Dau 99
Giang 49
Golf von Tongking 34, 39, 104
Ha-Long-Bucht *6/7*, 10, 11, 30, **34**, *35, 37*, 105, 109, 110
Ha Long City 34, 37, 105
Ha Tien 99, **100**, *101*
Hai Duong 29, 104
Hai Phong 23, 39
Hai-Van-Tunnel 10
Ham Thuan Nam 98
Ham Tien 97
Hang Dau Go, Höhle 34
Hang Luon, Höhle 36
Hang Sung Sot 35
Hang Trong, Höhle 34
Hanoi 7, 9, 10, 11, 12, 13, 14, *18*, 21, 30, *30/31*, 33, *38*, **39**, *40, 41, 43, 45, 46*, 77, 104, 109, 110, 112, 114, 115, 116, 117, 118, 119, 140
Hau Giang, Fluss 79, 80
Ho-Chi-Minh-Stadt (Saigon) 7, 8, 9, **11**, 12, 13, 14, 15, *16/17*, 19, 20, 22, 26, 77, *80*, 81, *82*, *84*, 89, 103, 106, 107, 109, 110, 112, 113, 114, 115, 117, 118, 119, 140
Ho Song Da, Stausee 49
Hoa Binh 49
Hoang Lien Son, Bergkette 51
Hoang-Lien-Son-Naturreservat 53
Hoi An 13, 28, 55, **64**, *66*, 74, 140
Hon Doi Moi 100
Hon Gai 34, 37, 105
Hon Khoi, Halbinsel 87, 95
Hon Tre 94
Hue 8, 10, 11, 27, 28, 54, **69**, *70, 72*, 74, 117
Huong Tich Son 23, **49**
Huong-Tich-Höhle 49
Huyen Khong, Höhle 62, *63*
Kaisergräber von Hue *54/55*, 74, 75
Lak-See 57, 112
Lan-Ha-Bucht 110
Lang-Bian-Berg 58, 59, 111
Lang Co 62, 73

Lao Cai 51
Lien-Khuong-Wasserfall 60
Linh-Ung-Pagode 63
Long Hoa 91
Long-Tri-See 48
Mai-Chau-Tal 49
Marmorberge 29, **62**
Mekong (Song Cuu Long) 10, 76, 102, 117
Mekongdelta 7, 8, 10, 11, 20, 76, 91, 102, *102/103*
Monkey Island 34
Mui Ne, Halbinsel 11, 77, 95, 96, 97,111, 112
Mui Ne, Ort 95, 97
My Lai 21, 84
My Son 54, **63**
My Tho **91**, 103, 117
Narang-Bergvölker-Markt 31
Nha Trang 13, 28, 29, 77, 87, **92**, 94, 110, 111, 112, 115
Nha Trang Beach 94
Ninh Binh 50, 115
Ninh Hoa 13, 87, 95
Ninh Phuoc 87
Ninh-Van-Bucht 13, 95
Non-Nuoc-Strand 62
Nong Son 63
Nui Ba Den 92
Nui Sam 81, 104
Pac-Bo-Höhle 31
Parfümfluss s. Song Huong
Parfümpagode s. Chua Huong
Phan Rang 59, 87
Phan Si Pang s. Fan Si Pan
Phan Thiet 10, 11, 25, *76/77*, 77, **95**, 109, 111, 112
Phong-Nha-Höhle 108
Phu Cam (Phuoc Vinh) 28
Phu Quoc 25, 77, **98**, 111
Phuoc Vinh s. Phu Cam
Po Klong Garai 59
Prenn-Wasserfall 60
Puong-Höhle/Ba-Be-Nationalpark 33
Quan Lan 36
Quang Nam 29, 63
Quynh Luu 54
Rach Gia 99
Red Sand Canyon 97
Roter Fluss s. Song Hong
Sa Pa 10, 30, 34, **51**, 111, 140
Sai Son 48
Saigon s. Ho-Chi-Minh-Stadt
Sao Do 29, 105
Schwarzer Fluss s. Song Da
Ses, Insel 94
Son-Tra-Berg 62
Son Trach 108
Song Cam, Fluss 39
Song Cuu Long s. Mekong

> **www.marcopolo.de/vietnam**

IMPRESSUM

Song Da, Fluss 49
Song Hong (Roter Fluss) 8, 39, 104
Song Huong (Parfümfluss) 69, 70, 74
Suoi Tien, Quelle 97
Suoi Tranh, Quelle 100
Ta Cu 98
Ta Phin 52
Ta Van 52
Tam Coc 50
Tam Dao, Nationalpark 12
Tam-Tai-Pagode 62
Tan Hiep 69
Tang Chon, Höhle 63
Tay Ninh 91
Thac Bac, Wasserfall 51
Thach Xa 48
Thang-Hen-Seen 31
Thanh Ha 68
Thien-Mu-Pagode s. Chua Thien Mu
Thoi Son 91
Thuan-An-Strand 73
Thu Bon, Fluss 66, 68
Thuy Son 62
Tiger-Wasserfall (Thac Hang Cop) 60
Tra Kieu 63
Tra Linh 32
Tra-Su-Reservat 104
Trai Mat 60
Trockene Ha-Long-Bucht 49
Truong-Son-Gebirge 54
Tuan Chau, Halbinsel 34
Türme von Po Klong Garai 59
Van Don 36
Van Gia 36
„Vietnamesische Alpen" 11, 51
Vinh Long 103
Wolkenpass (Deo Hai Van) 60
Xuan-Huong-Stausee/Da Lat 58

› SCHREIBEN SIE UNS!

Liebe Leserin, lieber Leser,

wir setzen alles daran, Ihnen möglichst aktuelle Informationen mit auf die Reise zu geben. Dennoch schleichen sich manchmal Fehler ein – trotz gründlicher Recherche unserer Autoren/innen. Sie haben sicherlich Verständnis, dass der Verlag dafür keine Haftung übernehmen kann.

Wir freuen uns aber, wenn Sie uns schreiben.

Senden Sie Ihre Post an die MARCO POLO Redaktion, MAIRDUMONT, Postfach 31 51, 73751 Ostfildern, info@marcopolo.de

IMPRESSUM

Titelbild: Hoi An, Frau mit Gemüsekörben (Getty Images/Robert Harding World Imagery: Gavin Hellier)
Fotos: Aura: Ammon (90); 54 Traditions Gallery: Nguyen Thi Nhung (14 M.); © fotolia.com: Hannes Eichinger (107 M. r.), Walter Luger (14 u.); Foto-Presse Timmermann (61); Getty Images/Robert Harding World Imagery: Gavin Hellier (1); HB Verlag: Krause (U. M., 2 r., 3 l., 5, 20, 22/23, 32, 35, 38, 40, 63, 69, 70, 75, 82, 101, 112); Huber: Damm (54/55), Picture Finders (46); F. Ihlow (3 M., 27, 41, 64); V. Janicke (56); Laif: Selbach (105); Mauritius: Kugler (4 r., 60), Weber (3 r.); Max (2 l.); M. Miethig (139); Ba-Dung Pham (12 o., 13 u., 106 M. r., 107 o. l.); D. Renckhoff (59, 113); SIX SENSES RESORTS & SPAS (13 o.); © iStockphoto.com: darren baker (107 u. r.), William Cain (15 u.), Kit Sen Chin (106 u. r.); Elke Dennis (107 M. l.), Kenny Haner (106 o. l.), Scott Leman (106 M. l.), PhantomOfTheOpera (15 o.); Topas Adventure Vietnam: Tran Viet Tuan (12 u.); M. Weigt (U. l., U. r., 6/7, 8/9, 11, 16/17, 18, 22, 23, 24/25, 26, 28, 28/29, 29, 30/31, 37, 43, 45, 49, 51, 53, 66, 72, 73, 76/77, 78, 84, 86, 92, 94, 96, 97, 98, 102/103, 108/109, 110/111, 112/113, 124/125, 135); White Star: Schiefer (4 l., 80, 89, 91); Xu Restaurant Lounge (14 o.)

4. (9.), aktualisierte Auflage 2009
© MAIRDUMONT GmbH & Co. KG, Ostfildern
Verlegerin: Stephanie Mair-Huydts; Chefredaktion: Michaela Lienemann, Marion Zorn
Autor: Wolfgang Veit; Bearbeitung: Martina Miethig; Redaktion: Corinna Walkenhorst
Programmbetreuung: Cornelia Bernhart, Jens Bey; Bildredaktion: Gabriele Forst
Szene/24h: wunder media, München; Kartografie Reiseatlas: © MAIRDUMONT, Ostfildern
Innengestaltung: Zum goldenen Hirschen, Hamburg; Titel/S. 1–3: Factor Product, München
Sprachführer: Dr. Engelbert Altenburger
Das Werk einschließlich aller seiner Teile ist urheberrechtlich geschützt. Jede urheberrechtsrelevante Verwertung ist ohne Zustimmung des Verlages unzulässig und strafbar. Das gilt insbesondere für Vervielfältigungen, Übersetzungen, Nachahmungen, Mikroverfilmungen und die Einspeicherung und Verarbeitung in elektronischen Systemen.
Printed in Germany. Gedruckt auf 100% chlorfrei gebleichtem Papier

FÜR IHRE NÄCHSTE REISE

gibt es folgende MARCO POLO Titel:

DEUTSCHLAND
- Allgäu
- Amrum/Föhr
- Bayerischer Wald
- Berlin
- Bodensee
- Chiemgau/Berchtesgadener Land
- Dresden/Sächsische Schweiz
- Düsseldorf
- Eifel
- Erzgebirge/Vogtland
- Franken
- Frankfurt
- Hamburg
- Harz
- Heidelberg
- Köln
- Lausitz/Spreewald/ Zittauer Gebirge
- Leipzig
- Lüneburger Heide/ Wendland
- Mark Brandenburg
- Mecklenburgische Seenplatte
- Mosel
- München
- Nordseeküste Schleswig-Holstein
- Oberbayern
- Ostfriesische Inseln
- Ostfriesland/ Nordseeküste Niedersachsen/ Helgoland
- Ostseeküste Mecklenburg-Vorpommern
- Ostseeküste Schleswig-Holstein
- Pfalz
- Potsdam
- Rheingau/ Wiesbaden
- Rügen/Hiddensee/ Stralsund
- Ruhrgebiet
- Schwäbische Alb
- Schwarzwald
- Stuttgart
- Sylt
- Thüringen
- Usedom
- Weimar

ÖSTERREICH | SCHWEIZ
- Berner Oberland/ Bern
- Kärnten
- Österreich
- Salzburger Land
- Schweiz
- Tessin
- Tirol
- Wien
- Zürich

FRANKREICH
- Bretagne
- Burgund
- Côte d'Azur/ Monaco
- Elsass
- Frankreich
- Französische Atlantikküste
- Korsika
- Languedoc-Roussillon
- Loire-Tal
- Normandie
- Paris
- Provence

ITALIEN | MALTA
- Apulien
- Capri
- Dolomiten
- Elba/Toskanischer Archipel
- Emilia-Romagna
- Florenz
- Gardasee
- Golf von Neapel
- Ischia
- Italien
- Italienische Adria
- Italien Nord
- Italien Süd
- Kalabrien
- Ligurien/ Cinque Terre
- Mailand/Lombardei
- Malta/Gozo
- Oberital. Seen
- Piemont/Turin
- Rom
- Sardinien
- Sizilien/ Liparische Inseln
- Südtirol
- Toskana
- Umbrien
- Venedig
- Venetien/Friaul

SPANIEN | PORTUGAL
- Algarve
- Andalusien
- Barcelona
- Baskenland/Bilbao
- Costa Blanca
- Costa Brava
- Costa del Sol/ Granada
- Fuerteventura
- Gran Canaria
- Ibiza/Formentera
- Jakobsweg/Spanien
- La Gomera/El Hierro
- Lanzarote
- La Palma
- Lissabon
- Madeira
- Madrid
- Mallorca
- Menorca
- Portugal
- Spanien
- Teneriffa

NORDEUROPA
- Bornholm
- Dänemark
- Finnland
- Island
- Kopenhagen
- Norwegen
- Schweden
- Südschweden/ Stockholm

WESTEUROPA | BENELUX
- Amsterdam
- Brüssel
- Dublin
- England
- Flandern
- Irland
- Kanalinseln
- London
- Luxemburg
- Niederlande
- Niederländische Küste
- Schottland
- Südengland

OSTEUROPA
- Baltikum
- Budapest
- Estland
- Kaliningrader Gebiet
- Lettland
- Litauen/Kurische Nehrung
- Masurische Seen
- Moskau
- Plattensee
- Polen
- Polnische Ostseeküste/Danzig
- Prag
- Riesengebirge
- Russland
- Slowakei
- St. Petersburg
- Tschechien
- Ungarn
- Warschau

SÜDOSTEUROPA
- Bulgarien
- Bulgarische Schwarzmeerküste
- Kroatische Küste/ Dalmatien
- Kroatische Küste/ Istrien/Kvarner
- Montenegro
- Rumänien
- Slowenien

GRIECHENLAND | TÜRKEI | ZYPERN
- Athen
- Chalkidiki
- Griechenland Festland
- Griechische Inseln/Ägäis
- Istanbul
- Korfu
- Kos
- Kreta
- Peloponnes
- Rhodos
- Samos
- Santorin
- Türkei
- Türkische Südküste
- Türkische Westküste
- Zakinthos
- Zypern

NORDAMERIKA
- Alaska
- Chicago und die Großen Seen
- Florida
- Hawaii
- Kalifornien
- Kanada
- Kanada Ost
- Kanada West
- Las Vegas
- Los Angeles
- New York
- San Francisco
- USA
- USA Neuengland/ Long Island
- USA Ost
- USA Südstaaten/ New Orleans
- USA Südwest
- USA West
- Washington D.C.

MITTEL- UND SÜDAMERIKA
- Argentinien
- Brasilien
- Chile
- Costa Rica
- Dominikanische Republik
- Jamaika
- Karibik/ Große Antillen
- Karibik/ Kleine Antillen
- Kuba
- Mexiko
- Peru/Bolivien
- Venezuela
- Yucatán

AFRIKA | VORDERER ORIENT
- Ägypten
- Djerba/ Südtunesien
- Dubai/Vereinigte Arabische Emirate
- Israel
- Jerusalem
- Jordanien
- Kapstadt/ Wine Lands/ Garden Route
- Kenia
- Marokko
- Namibia
- Qatar/Bahrain/ Kuwait
- Rotes Meer/Sinai
- Südafrika
- Tunesien

ASIEN
- Bali/Lombok
- Bangkok
- China
- Hongkong/ Macau
- Indien
- Japan
- Ko Samui/ Ko Phangan
- Malaysia
- Nepal
- Peking
- Philippinen
- Phuket
- Rajasthan
- Shanghai
- Singapur
- Sri Lanka
- Thailand
- Tokio
- Vietnam

INDISCHER OZEAN | PAZIFIK
- Australien
- Malediven
- Mauritius
- Neuseeland
- Seychellen
- Südsee

> UNSERE INSIDERIN
MARCO POLO Korrespondentin Martina Miethig im Interview

Martina Miethig ist ausgebildete Journalistin und bereist Vietnam seit rund 15 Jahren. Mehr Infos finden Sie auf www.geckostories.com.

Wie und wann kamen Sie das erste Mal nach Vietnam?

Das war auf meiner Weltreise 1994. Ich habe daraufhin viele Berichte über Politik, Wirtschaft, Land und Leute für Radiosender, Zeitungen und Magazine recherchiert. Es war sehr spannend, nach der politischen und wirtschaftlichen Öffnung diesen boomenden Staat journalistisch zu begleiten.

Was fasziniert Sie an Vietnam?

Ich mag besonders das „amphibische" Miteinander im Mekongdelta und die Berge im Norden. Und ich staune noch immer über die fast schon preußische Zuverlässigkeit und den Fleiß der Vietnamesen, aber auch über ihre typisch asiatische Gelassenheit.

Und was mögen Sie nicht so?

Abgesehen davon, dass Vietnam noch keine Demokratie ist: Man sieht sehr viel Armut, Kinderarbeit, die hohe Kindersterblichkeit. Die Situation hat sich aber in den Städten in den vergangenen zehn Jahren sehr verbessert. Hektik und Verkehrslärm haben dafür stark zugenommen.

Wer sind Ihre Arbeitgeber?

Die zahlreichen Interviews und Erlebnisse konnte ich in Büchern und Reportagen verwenden, z. B. im Baedeker und im Reisemagazin „Abenteuer und Reisen", und ganz neu ist ein Komet-Bildband mit 600 Seiten Text und vielen Fotos.

Und was haben Sie vor 15 Jahren an Typischem erlebt?

Ach, was habe ich das Land verflucht! Als ich im monsunüberfluteten Hue festsaß und mich die Fledermaus aus der Kloschüssel anstarrte. Wenn ich nachts nicht schlafen konnte, weil die Klimaanlage wie ein D-Zug donnerte oder der Polizist an die Tür klopfte, um den Pass zu kontrollieren. Oder um fünf Uhr morgens die Politpopaganda aus den Straßenlautsprechern. Aber das sind Erlebnisse, die ein Land einzigartig machen.

Was machen Sie als Erstes, wenn Sie in Vietnam ankommen?

Ich gehe in eine Pagode, um die zeitlose Atmosphäre dort zu genießen. Und natürlich bestelle ich einen Feuertopf, eine Art vietnamesisches Fondue mit vielen frischen Kräutern.

Haben Sie spezielle Hobbys?

Ich bin in der glücklichen Lage, meine privaten Leidenschaften mit meinem Beruf in Reportagen verbinden zu können, sei es beim Salsatanzen oder Yoga, Motorradfahren oder Trekking, beim Entdecken oder Leute-Kennenlernen.

> BLOSS NICHT!

Ein paar Dinge, die Sie in Vietnam beachten sollten

Mönche berühren

Vor allem orthodoxe Buddhisten nehmen es mit der Vorschrift genau, dass keine Frau sie berühren darf. Der Betroffene muss sich nämlich, wenn dies doch passiert, sehr zeitaufwendigen Reinigungsriten unterwerfen, weil er „unrein" geworden ist. Wer einem Mönch ein Geschenk überreichen möchte, tue dies am besten über einen Vertrauten, zum Beispiel den Reiseleiter. Auch warte man mit der Begrüßung durch Händeschütteln ab – reicht der Mönch nicht die Hand, werden Sie auf keinen Fall selbst aktiv!

Bargeld spenden

Tausende professionelle Bettler, die in Ringen organisiert sind und von skrupellosen Geschäftemachern ausgebeutet werden, gibt es allein in Saigon, viele Tausend auch im Rest des Landes. Sie haben es ausschließlich auf Bargeld abgesehen. Touristen sind gut beraten, den vielen wirklich armen Menschen keine bare Münze zu geben. Spenden Sie Geld lieber einem der vielen karitativen Vereine, die sich um Straßenkinder und Behinderte kümmern, z. B. der *Kinderhilfe Hyvong (www.kinderhilfe-hyvong.de)* in Berlin, *Street Voices (www.streetvoices.com.au)* in Hanoi, *Saigon Children (www.saigonchildren.com)*, *Reaching Out (www.reachingoutvietnam.com)* in Hoi An oder der *Hoa Sua School (www.hoasuaschool.com)* in Sa Pa. Weitere Informationen bei *Terre des Hommes (www.tdh.de)*.

Prahlen

Vietnamesen sind zurückhaltende Menschen, nicht zuletzt bedingt durch die konfuzianische Erziehung. Man vermeide es tunlichst, mit Erfolgen, dem Einkommen, Statussymbolen und anderen Dingen anzugeben oder euphorisch sein Herkunftsland zu loben. Niemand ist davon beeindruckt.

Zum Tet-Fest verreisen

Zum Tet-Fest, dem vietnamesischen Neujahr, sind ganz Vietnam und Millionen Auslandsvietnamesen auf Reisen. Touren und Tickets – falls überhaupt noch zu bekommen – sind dann bis zu 50 Prozent teurer, die Zimmerpreise können sich auf wundersame Weise verdoppeln, Service und Tourangebot sind eine Woche lang lahmgelegt, viele Restaurants und Läden geschlossen.

Das rechte Maß verkennen

In Vietnam liegt die Kraft in der inneren Ruhe. Wer während seines Urlaubs von der Minutenzählerei lassen kann, erlebt, wie die Dinge plötzlich wie von selbst geschehen. Wer sich aufregt, den Dingen des Alltags nicht gelassen begegnet und die strengen konfuzianischen Regeln verletzt, zeigt, dass ihm die innere Harmonie, das „Gesicht" abhanden gekommen ist und er keinen Respekt verdient. Nichts ist schlimmer – egal, ob der Grund dafür unpassende Kleidung im Tempel, FKK-Baden, starkes Schwitzen, Küssen in der Öffentlichkeit oder Ungeduld ist.